便利统治世界

许正一 ⊙ 著

7-ELEVEN的商业渗透

亚洲著名零售企业

图书在版编目（CIP）数据

便利统治世界：7-Eleven的商业渗透／许正一著.
--北京：新世界出版社，2016.10
ISBN 978-7-5104-5947-4

Ⅰ.①便… Ⅱ.①许… Ⅲ.①连锁商店－商业经营－经验－日本 Ⅳ.①F733.131.7

中国版本图书馆CIP数据核字（2016）第216365号

便利统治世界：7-Eleven的商业渗透

作　　者：	许正一
责任编辑：	张杰楠
责任校对：	宣　慧
责任印制：	李一鸣　黄厚清
出版发行：	新世界出版社
社　　址：	北京西城区百万庄大街24号（100037）
发行部：	(010) 6899 5968　　(010) 6899 8705（传真）
总编室：	(010) 6899 5424　　(010) 6832 6679（传真）

http://www.nwp.cn
http://www.nwp.com.cn
版权部：+86 10 6899 6306
版权部电子信箱：nwpcd@sina.com

印　　刷：	三河市骏杰印刷有限公司
经　　销：	新华书店
开　　本：	710mm*1000mm　　1/16
字　　数：	190千字　　印张：15
版　　次：	2016年10月第1版　　2016年10月第1次印刷
书　　号：	ISBN 978-7-5104-5947-4
定　　价：	36.80元

版权所有，侵权必究
凡购本社图书，如有缺页、倒页、脱页等印装错误，可随时退换。
客服电话：(010) 6899 8638

每当人类的生活方式发生重大改变，我们都有机会对未来做出展望，从中挖掘到发展的机遇。有一些看起来不那么引人瞩目，却又跟生活息息相关的行业，常常抢在大行业之前主动变革，在整体生活方式转变中顺利实现自身升级，从而为人类创造更美好的生活想象空间。

以能源使用方式为例，第一、二次科技革命创造了轮子上的文明，人类社会的空间距离得以大幅缩短，一批以制造业、重工业为主要业务的跨国企业顺势而生，地球已初具"村落"雏形。20世纪四五十年代开始了第三次科技革命，到了20世纪末，得益于信息技术的飞速发展及应用，"地球村"进一步缩小，几乎成了一座小广场——借助于网络，即便相隔万里，人们依然可以"面对面"交流。微软、谷歌、阿里巴巴等企业持续利用、消化科技革命成果，同时又推动科技革命继续向前发展，它们成了这个时代最鲜明的符号。相比于这三次科技革命，如今引起广泛争议的工业4.0，再次缩短了科技进步的周期。

工业4.0概念最早由德国政府提出，金融危机发生后，大多数发达国家经济在很长时间内都萎靡不振，德国却依靠雄厚的制造业基础，很快降低失业率，使经济重现较快的增长势头。感受到了制造业带来的好处后，德国政府在2013年4月推出了定义为"第四次工业革命"的《保障德国制造业的未来：关于实施工业4.0战略的建议》。以"智能工厂""智能生产""智能物流"三大概念为中心的工业4.0马上吸引了广泛关注，虽然"智能"概念由来已久，但这次对工业系统从源头到终端的全覆盖，依然比较有新鲜感。在较为传统的制造业时代，质量是最重要也是几乎唯一需要注意的因素，而工业4.0在以互联网为背景的买方市场下，质量依然重要，但"智能"已经囊括了个性、定制、最新等要素，埋头走老路的企业注定日薄西山，能为买方提供合宜的自主感的企业，才会是时代的弄潮儿。所谓合宜的自主感，就是在传统价值之外，另外赋予产品新的、好的体验，完成从X到X+的转变。

　　但并不是所有人都认为工业4.0为第四次工业革命拉开了序幕，因为目前并没有出现任何颠覆性的创新或发明，也尚未产生能明确区分两个时代的"时间地标"，工业4.0的目的不过是"应用物联网、智能化等新技术提高制造业水平，将制造业向智能化转型，通过决定生产制造过程等的网络技术，实现实时管理"。比较前三次革命，把工业4.0认为是第四次工业革命，明显底气不足，工业4.0更多的是利用现有技术手段，整合优势，极容易让人看成是精细化管理的加强版。或许正是因为没能跳出管理思维，工业4.0确实称不上是一次革命，最多可以被看成是一种进步，因为买方并不希望自己的需要被管理起来，他们最想得到的是在自己有需要的时候，由卖方提供积极精准的响应。

　　在工业4.0被独立提出来之前10多年时间里，部分行业和地区的生产力程度已经让计划好的生产制造实现了实时监控，全过程回溯也已成为现实，任何一批不合格产品，都可以追溯到之前出现问题的环节，这说明生产已经具备了初级的智能化。按照工业4.0的逻辑，这种生产方式姑且能被认为是3.0，比2.0或1.0自然高级了很多。4.0比

3.0的高明之处在于,遇到产品更新或升级,并不需要花费大力气改造甚至彻底改变现有流水作业程序和系统,产品从研发到最后送到用户手里的时间大为缩短,最大的不同在于,4.0系统下,产品可以根据用户需要随时调整并马上投入生产,用户可以DIY自己需要的产品,而且成本不会高得离谱。在高效技术并未普及、人力成本高企的过去,能够实现定制的无非军工行业和高端制造业,前者用纳税人的钱来办事,具体经手的人并不会有很强的控制成本的动力;后者有高利润支撑,权贵、豪富阶层乐意为此埋单,比如顶级品牌限量版的名车、名酒,再加上定制要素,就能成为与普通阶层区隔开的最佳工具。更直观地看,如果3.0的产品是便利店里的速冻饺子或用微波炉加热的便当,同一批产品的品质和口味已经定型,就算做的时候很用心,也很难满足每个个体的口感要求,而4.0的工艺和程序下,这一切不再是问题。为了吃到自己喜欢的口味,用户仅需划划手机屏幕或者点击鼠标下单,设计好的程序即可根据用户选择,自动掌控调料、火候、时间,用大厨的手艺烹调已被植入用户个性的食品。成品通过先进的自动物流体系送到用户手里,用户体验后可以做出全方位点评,系统收录这些数据,在得到足量的信息后加以分析,一个用户的偏好和习惯便得以立体呈现,系统具备了比用户更懂用户的能力。

收纳足够准确的信息是4.0版的工业系统得以存在的前提,也是增强工业流水线可塑性的基础,工业4.0强调的是整合和应用,如果按照概念统属来看,如果说人类进入工业4.0时代,不如说到了以体验或感受为最重要特征的DT(Data Technology,数据处理技术,以下简称DT)时代。

与最近的IT(Information Technology,信息技术,以下简称IT)时代相比,DT时代更看重对信息进行数据化处理,不再把控制放在首位,而是以卖方的"无我"实现买方的"有我",强调个性化服务，重视预测，关注体验，落脚于多次交易中得到重复收益。在这之前，卖方不断开发服务能力，拼的多是智商，而随着DT时代的到来，心理学在预测市场行为的准确性上取代传统经济学的趋势更加明显，拼情商的时候已到，对卖方而言，再没有比让客户舒服、让合作方舒服更重要的事情了。部分专家和企业家已经开始认识到，在"体验为王"的时代主题下，女性的重要性将日益突出，因为女性的生理和心理条件让她们天生具有更细腻的情感，也更擅长为他人考虑。事实上，男性主导的社会正逐渐发生变化，女性在经济、文化等方面的话语权日渐增大，在家庭之外，她们参与程度加深是有目共睹的。再分析成功的企业具有的一系列特征，女性气质也更为明显，尤其是细腻、坚韧这类品质，几乎没有任何一家想成功的企业能够视而不见。

　　在服务业里，便利店行业的出现和繁荣，某种程度上昭示了体验为王时代的降临，因为便利店的产品未必就比超市和商场的好，更何况在产品数量上绝对无法与超商比肩，但看如今在都市里遍地开花的便利店，再对比利润率一再缩水、举步维艰的超市和商场，不免再次印证任何行业想要继续生存都需要在后面添上"+"的结论。便利店行业内部也有分化，产生差距的原因，依然源自那个"+"。日本是世界便利店行业的代表，便利店已成为日本人独具特色的生活方式，他们可以不去超市，不去菜市场，却不能不去便利店，仅仅在东京市区的便利店就达7000多家，步行15分钟就有一家门店，在繁华的中心地段，一眼看到七八个便利店也是常事。在日本便利店行业里，7-Eleven是当之无愧的龙头，这一地位从20世纪70年代开始至今。究其缘由，7-Eleven不但很早就建立了高度自动化的物流体系，也融入了智能化因素，而且因地、因时制宜，产品特性迎合门店所在区域居民的生活习惯，这一点已经有了脱离大规模流水线生产，提供DIY体验的影子，暗合工业4.0或DT时代的内在要求。同时，7-Eleven对互联网的应用从2001年就进入比较成熟的阶段,对如今热炒的O2O等模式更是驾轻就熟。另外,7-Eleven坚持站在顾客的立场思考问题而不仅仅是简单地为顾客着想,这与之前市场上的常规主流思维泾渭分明,管控顾客需求的色彩已很淡,更多的是积极主动预测,在顾客发出需求指令的时候准确响应,成为更纯粹的服务方。

一手将7-Eleven带大的铃木敏文之前并未听闻工业4.0或者DT时代的概念,但他很早就敏锐地看到了买方时代的到来,并断言企业最大的挑战、最该关注的都是顾客的真实需求,最该提供的都是越来越丰富、越来越细致的个性化体验。正是因为有了如此把握,当名列日本便利店行业前三甲的罗森在2015年8月公开声明要"打倒7-Eleven",并为此制定了明确的五大战略后,身为7&i控股集团CEO的铃木敏文安之若素,表示"没有太注意其他竞争企业",并豪迈地说:"就算日本其他的全部便利店品牌联手,7-Eleven也表示欢迎。因为只要7-Eleven按照现有正确方向踏踏实实地做,行业老大的地位是不可能被动摇的。无论什么品牌的便利店,最终面向消费者的还是每一个门店,单店经营能力的提升才是核心战略。"

与其跟在众多概念后鼓噪呐喊,却又摇摆不定,不如锤炼自己抓住市场核心本质的能力,修炼响应消费者需求的应变力,做到以不变应万变。万变归于不变,或许才是对众说纷纭的DT时代和工业4.0时代最好的献礼,也是让企业保持旺盛生命力的秘籍。7-Eleven的传统和打下的坚实底子为其自身顺应时代潮流做了有益尝试,而它或任何想成功的企业在未来如何自处,行在书外,知在书里,知行合一,任时代风吹浪打,尽可未雨绸缪,闲庭信步。

Part 1
在商超的夹缝里野蛮生长

第一章　开店记：美式零售移植日本

从出版到零售，我是外行 / 004
硝烟弥漫的越洋商业谈判 / 008
反常识：零售小店与大超市如何共存 / 013
选择最佳合作方：中小创业者 / 017

第二章　硬门店，软单品

从开店到经营的流程 / 021
狼群战略：以面覆盖，密集选址 / 024
如何定一个合宜的价格 / 029
经济学无法解释的陈列法 / 033

第三章　单品管理的四个维度

怎样做到即时收发零库存 / 040

鲜度管理，杜绝"高龄"产品 / 045
把小事当成伟大的事来做 / 050
真心、亲切是最奏效的广告 / 054

第四章　最大竞争对手：万变的需求

为顾客着想未必对 / 060
朝令夕改：忘掉自己是个专业人士 / 065
看得见的一份损失，心理上的两倍打击 / 069
市场的七寸：四成消费者的绝对满足感 / 073

Part 2
便利店的轴心

第一章　产品轴：零售的生命线在哪里

口味极致，其他都是浮云 / 080
1993面包年：打破前定和谐 / 085
觉知情报：以问题意识为本 / 089
守正再出奇 / 094

第二章　数据轴：大系统下的库存管理

门店是永不沉没的信息战舰 / 099
POS数据怎么用：存一份戒心 / 103

小心假设，大胆进货，销量验证 / 107
如何做到畅销不断货，滞销无库存 / 111

第三章 心理轴：大买卖交给心理学

价格战是个伪概念 / 116
营销不是卖力就好，而是借巧劲儿 / 120
有价值感，消费无痛感 / 124
进攻型销售就是要有触动感 / 130

第四章 趋势轴：应对变化，贯彻基本

"富士山"瘦成了"铅笔" / 135
下游倒逼上游，修正供应单行道 / 140
给顾客实实在在的惊喜 / 144
用七成把握撬动成功 / 148

Part 3
价值共创时代：改革从否定开始

第一章 改变零售思维

消费低迷时期的框架置换思维 / 156
卖完大吉的结果是关门大吉 / 161

经济不景气：主打"物美"牌 / 165
遇"大火"，先通知"消防员" / 170

第二章　现场成交不纠结

选择困难症：不多不少，而是最好 / 175
感受值：增值服务怎么做 / 180
愉悦感：提升零售的情商 / 184
恐惧感：保持对市场的一份尊重 / 188

第三章　扁平化沟通机制：创造空间，反复咀嚼

"劳民伤财"的FC会议 / 192
扁平化的讨论让信息高速流转 / 197
有穿透力的督导：和门店一起参谋 / 201
店员不是成本，而是成事的根本 / 205
戒低效：激活员工的"想做"心态 / 209

第四章　未来经营的变与不变

一粒百行：经营要在石头上坐三年 / 215
伊藤洋华堂的"内科手术" / 220
电商与实体店怎样融合 / 223

单店经营能力的提升才是核心战略。

Part 1

在商超的夹缝里野蛮生长

第一章　开店记：美式零售移植日本

从出版到零售，我是外行

1991年，飓风"鲍勃"过境，对美国人而言，这场来自大西洋的不速之客——级数不低但没造成什么损失的"飓风秀"平淡无奇，因为他们见过和经历过的飓风实在是太多了。

也是在这一年，西边的太平洋不甘寂寞，派出了自己的"飓风使者"登上美国大陆，这位"飓风使者"并没带来狂风暴雨，却带来了比狂风更猛烈，比暴雨更剧烈的冲击：曾经只是分支之一的日本7-Eleven，在拿到特许经营许可仅19年后，就杀了个回马枪，收购了自己的老东家美国7-Eleven，取得美国南方公司70%的股权。这次收购被媒体视为"日美的大逆转"，7-Eleven的发展从此进入"日本时代"。缔造这个时代的"飓风使者"铃木敏文如今已成为7&i控股集团CEO，以83岁高龄继续推动7-Eleven的发展奇迹，被人们视为零售和管理的双料常青树。

尽管早已登上零售大王的宝座，但铃木敏文一直以为自己是零售业的外行，7-Eleven这艘"零售航母"，自然也是由"外行"提供动力和方向，内行操持着具体的行驶。任何一个对他从业经历稍有了解的人都知道，铃木敏文从来没真正到销售一线实践过，唯一一次到店里帮忙还成了反面教材，大家都觉得他一脸紧张的神态只会给人留下想找顾客吵架的印象。其实一点儿也不奇怪，一个之前整天跟文字打交道的编辑，遇上现实中的顾客，不知所措才是正常反应。纵观这位零售大王的职业生涯，在感慨铃木敏文个人的出色能力时，也不得不感叹7-Eleven迎来这位"总舵主"所经历的阴差阳错。

从日本中央大学毕业后，铃木敏文将目光投向报社，可每到面试的关键时刻，他一胆小就脸红的毛病让他一次次与工作失之交臂。好在他父亲当时在县农协供职，准备利用人脉资源，将铃木敏文安排到一家农业杂志出版社，让铃木敏文过上"钱多事少离家近"的生活。

万万没想到，出版社在最后关头取消了当年的录取计划。好在天无绝人之路，这家出版社又向铃木敏文推荐了东京出版贩卖公司，他经过一波三折后，终于在东贩找到了第一份工作。

一开始的工作总是零散琐碎的。铃木敏文所担任的退货负责人等角色常常让他感觉自己可有可无，每天，他只需把从书店退回来的书逐一分类再送到出版社。跑了半年龙套之后，铃木敏文被调入东贩新设立的出版科学研究所，但职务也只能算这个研究所的学徒。令人郁闷的情况直到他被调到东贩宣传部才逐渐改观，从这时开始，他才有了一个比较正式的身份——开始负责公司半月刊《新刊新闻》的编辑工作。

这本当时发行量只有5000册的半月刊免费发行，每期都直来直去罗列新书目录，编辑看心情对新书做正面或负面的简要说明。铃木敏文一接手半月刊就提议改变免费发行的方式，同时对内容做出调整，决定好好照料这一亩三分地。在他看来，这样一本言语乏味但不是全无用处的册子不但脾气臭而且冷冰冰，包装也就更谈不上。正因如此，一旦"洗心革面"，增加趣味内容同时保有推荐书目的价值，肯定有不少潜在读者愿意捧场。

顶头上司对这一提议不以为然，他觉得没必要在这本宣传册上花费过多精力，对发行量的提高也从没指望过。既然此路不通，那就另辟蹊径。还好，隔壁企划部的主任听说了这一想法，觉得可以一试，就当了回"红娘"，把提议转给东贩的社长。社长大概抱着"是骡子是马拉出来遛遛"的态度，给了铃木敏文在董事会上陈述方案的机会，方案通过后，铃木敏文立即全权负责实施。

铃木敏文全力以赴，《新·新刊新闻》面世，包装好了，卖点多了，发行量从5000册陡增到13万册，高达20倍以上的增长率给了年仅29岁的铃木敏文前所未有的信心。

就在《新·新刊新闻》顺风顺水大卖特卖的同时，见识了众多靠自身能力吃饭的自由撰稿人后，铃木敏文对自己取得的成绩表示了怀疑。在他看来，自己成绩的基础其实就是东贩在业内的影响力，说白了就是大树底下好乘凉，挤掉成绩里的水分，实实在在属于自己的功劳所剩无几。面对眼前《新·新刊新闻》的一派繁荣，铃木敏文陷入了一阵短暂的迷茫，开始想要寻求某种更具价值感的工作方式。没过多久，瞌睡遇上了枕头，思考撞上了火花，在与媒体界朋友的沟通中，铃木敏文对独立制作电视节目的计划深感兴趣，双方一拍即合，马上将计划付诸实施。

计划实施的第一步就是找"金主"拉赞助，一年前铃木敏文考虑转行时曾经参加面试的伊藤洋华堂成了首选。

当铃木敏文为拉赞助再次登门时，伊藤洋华堂的负责人热情地接待了他。听了他的独立项目计划后，伊藤洋华堂的负责人非常高兴，当场就做出了一个让人吃惊的决定。负责人告诉铃木敏文，反正都是办独立项目，不如干脆就从东贩辞职到伊藤洋华堂好了。

当时，铃木敏文对伊藤洋华堂的大型综合超市业务一无所知，但这一让人怦然心动的提议抵消了其他顾虑，铃木敏文心里一热，马上跳了槽，哪知入职伊始就遭遇了一场"倒春寒"。办完入职手续，当他再次向负责人提出之前的独立计划时，负责人打起了"太极"——让铃木敏文把计划先放一放。铃木敏文这才知道，伊藤洋华堂此时抓住了大型超市业务拓展的契机，为了借着日本所向披靡的东风谋篇布局，正想方设法招人，自己只是一条被诱上钩的鱼。

开弓没有回头箭，就算只是为了争口气，铃木敏文也不得不全身心投入新行业之中。为了打开局面，他化委屈为力量，积极参与公司推广、宣传、人事、财务等管理类业务，出色的能力很快让他得到了公司的肯定，38岁即任公司董事。

在此期间，日本国内大型超市发展势头一直强劲，伊藤洋华堂开设新门店的速度也逐渐加快，然而每到一处，当地的小商店无不强烈抵制，一次次上演强龙和地头蛇对垒的戏码。双方的争执让铃木敏文感到很不理解：大型超市看起来会挤占小商店的生存空间，但两者的经营方式并不相同，而决定经营者生存发展的关键并不在规模大小，产品品质和服务内容才是核心竞争力，双方完全可以"大河涨水小河满，小河涨水大河漫"。铃木敏文坚信一定能找到大型超市和小型商店共生共荣的新型模式。就在此时，一次例行的海外研修考察活动让一切柳暗花明。

伊藤洋华堂每年都会组织人员分批前往美国求经取宝，1971年这次海外研修，铃木敏文以负责人身份随队前往。这次研修之旅意义非凡，因为铃木敏文正是在这一年邂逅了7-Eleven。从后来的经历看，1971年可以说是7-Eleven和铃木敏文共同的转折点。

考察队在前往加利福尼亚途中，无意间进入一个路边小店，店里既有咖啡、热狗等即食型熟食，也有毛巾、香皂等生活用品。要不是限于店面，这个"五脏俱全"的小店基本算是个超市了。这个以数字"7"和英文单词"ELEVEn"为标志的小店就这样深深地印在了铃木敏文的脑海里，不过，更让人吃惊的还在后头。

回国一查资料，铃木敏文才知道自己当时看到的只不过是冰山一角，这家名为"7-Eleven"的路边小店只是美国南方公司4000家连锁便利店中的一家。这样的小店能开4000多家，背后一定隐藏着特殊的成功秘诀，如果能把这样的经营模式引入日本，让人头痛的大超市和小商店之争或许就能迎刃而解。如获至宝的铃木敏文马上向公司提出与美国南方公司合作，加盟7-Eleven。提议甫出，铃木敏文得到的几乎是全公司的一致强烈反对，同事们在这个提议上达成共识：没事找事，自找苦吃。在大型超市正发展得如鱼得水的年代，大家普遍认为只有这种经营方式才能顺应市场需求，小商店作为城市里大超市可有可无的补充可以，但绝对成不了气候，在这样的市场环境下一意孤行经营小商店，注定只会落得竹篮打水的下场。

这时，一直以零售业外行自居的铃木敏文充分发挥了"门外汉"的独到眼光，预见到随着日本老龄化、家庭规模日趋变小等社会问题，"有什么卖什么"的卖方市场将逐步让位于"要什么卖什么"的买方市场，能提供高品质商品和高质感服务的商店将成为市场新贵，小型商店具备的灵活性足以将自身与大型超市区分开，在品质、便利上大有文章可做。面对扎实的数据、富有远见的分析，还有铃木敏文"不撞南墙不回头"的执着，公司内部的反对声渐渐知趣地平息，管理层同意了他的提议，但困难才刚刚开始。

硝烟弥漫的越洋商业谈判

"这样的条件没法谈！"

伴随着"啪"的一声桌响，铃木敏文拍桌的手已经抬起来，把这句硬话撂在了谈判桌上。

伊藤洋华堂包括社长和所有股东在内的谈判小组一言不发,美国南方公司的谈判代表脸色阴沉。得克萨斯州达拉斯的南方公司总部看不见硝烟,但火药味充塞着谈判桌上所有人的鼻孔,大家眼中看到的是一个不算伟岸的日本人在孤独而倔强地冲锋,就像是在攻击风车的堂吉诃德。

不是去求人办事吗,铃木敏文哪来的底气拍桌子?这么鲁莽的举动,他怎么干得出来?事实上,这么想就太简单了。如果不是笃定美方对日本市场感兴趣,并出于对谈判心理的精准把握,他未必会拍桌子。

自从加盟7-Eleven的计划得到股东们首肯后,伊藤洋华堂就开始迈出"引进来"的步子,准备跨到太平洋的另一边。

第一次投石问路是在1972年5月,伊藤洋华堂业务研发负责人主动上门,向南方公司初步表达意向。伊藤洋华堂上下对这次拜访做了充分预估,对各种可能出现的结果进行了全面的分析,没有人指望双方的合作能一蹴而就,但稍微乐观的估计总不会错吧?千算万算,结果出乎所有人预料,负责人甚至没能跟南方公司的管理层打个照面,就吃了闭门羹。

对伊藤洋华堂而言,南方公司显得傲慢而且失礼。但是,站在南方公司的角度看,美国是零售业帝国,而自家又是帝国零售业一艘拿得出手的战舰,尽管伊藤洋华堂在日本小有名气,但隔了个太平洋,这点名气并不被南方公司放在眼里,双方量级天壤之别,怎么并驾齐驱?

"门不当,户不对",面对蓝筹股也只能大眼瞪小眼。伊藤洋华堂欲加盟7-Eleven的传闻在小范围内扩散,吃闭门羹的消息也不胫而走。塞翁失马,焉知非福,消息把贵人招来了。伊藤忠商事有限公司跟伊藤洋华堂有一定业务往来,双方关系一直不错,伊藤忠商事有限

便利统治世界：
7-Eleven的商业渗透

公司一位主任恰好跟南方公司管理层人员有私谊。通过这位主任，伊藤洋华堂得以直面南方公司，铃木敏文获得与南方公司管理层当面沟通的机会。

1973年4月，自从初访南方公司的负责人铩羽而归后就一直在秣马厉兵的铃木敏文再度登门。毕竟是双赢的好事，南方公司高层听完铃木敏文的阐述后也心动了，加之高层对日本也有些了解，认为日本市场不小，是个能捞金的好地方，就派出了访日考察团，实地探访日本情况，也摸摸伊藤洋华堂的底。

一个多月后，考察团满载而归，回国关门一研究，百余个涉及市场和经营方方面面的问题抛回了伊藤洋华堂，考察结果还不清楚，笔试接着就来了。铃木敏文与同事一道，加班加点研究了这些精明的美国人提出的一针见血的问题，并同样以高水准的回答打消对方顾虑。美方对伊藤洋华堂的办事效率和认真的态度很满意，不再门缝里看人，同意了6月份就正式进入谈判环节。

谈判桌上平起平坐并不能说明什么，因为南方公司把这次谈判看成是己方对伊藤洋华堂的恩惠，美方谈判的第一条要求就让铃木敏文大为光火，他们在条文中要求日方主管便利店的公司与南方公司合并。这个要求就有点过分了，固然没有明确合并的办法，但以当时双方的力量对比，美方的盘算就是和尚头上的虱子——明摆着吃你没商量。南方公司还提出，如果决定合作，伊藤洋华堂一方能以7-Eleven名义开设便利店的区域只限于日本东部地区，这也有点欺负伊藤洋华堂的意思。一旦答应，伊藤洋华堂今后开展业务不但束手束脚，如果再出现一家日本公司跟美方签约，是不是今后伊藤洋华堂在面临可能的纠纷时，还要请美方调停呢？除了限定了区域之外，南方公司还下达8年内要开设2000家连锁店的指标，这应该是把伊藤洋华堂看成公司中的超人了。与上述争议相比，这次谈判的争论焦点则更加让人恼火。在特许权使用费上，南方公司开口要价总销售额的1%，看清楚，是总销售额，不是净利润，而伊藤洋华堂愿意给的数字是总销售额的0.5%。这样，就出现了那个拍桌子的画面。

谈判就这样老牛拉破车似的缓慢而艰难推进，桌上的拉锯让人抓狂。伊藤洋华堂的谈判小组全力以赴，这份坚持和韧性让南方公司有些招架不住，所以在不算是核心议题的关节上做了让步，虽然很不情愿，但不再提公司合并，允许经营范围扩大到全日本，8年开店2000家的指标降到了1200家。显然，这次谈判走的是"先易后难"的路径，因为在关键的特许权使用费上，双方真正陷入了互不妥协的泥沼。

如果在特许权使用费上达不成共识的话，之前的谈判成果都是废纸，这临门一脚，到底该怎么踢？左思右想，铃木敏文决定跟对方摊牌，成固欣然，要是黄了，也只能认命。具备演说家、心理学家素质的铃木敏文又一次发起攻势，坦言立志要成就便利店事业，要让便利店渗入日本的每个角落。这张感情牌打得很成功，南方公司谈判代表的心理也发生了一些变化。

接着，铃木敏文亮出技术牌，完美地解决了双方关心的利益分配问题。这张技术牌是这样的：特许权使用费率降低→店铺规模扩大更顺利→连锁店不断增加→营业额持续升高→特许权使用费快速提升。

一跳出固有思维考虑问题，之前的死结就解开了，南方公司做出了较大的让步，伊藤洋华堂也发扬风格，把特许权使用费率提高到0.6%。1973年11月30日，双方在正式合约上落笔签字。

按说谈判难关一过，尽管签约之后的事很多，但松口气是可以的。然而计划赶不上变化，原本预想的加盟，成了伊藤洋华堂的内部创业。

首先是人员配备。正式签约之前，11月20日，伊藤洋华堂根据谈判协议，成立了专门经营便利店的新公司约克·七公司（York Seven）。新公司成立后，"曲"有了，谁来"填词"呢？"词"从哪儿来呢？伊藤洋华堂当时的社长伊藤雅俊在新公司掌门人的人选上早有主张，按照"谁惹事谁解决"的原则，"填词人"这项重任非铃木敏文莫属了。经过一晚上的思考后，铃木敏文扛起了新公司的大旗，立即开始招兵买马。

经营便利店的主张本来就深受诟病，到了新公司成立时，伊藤洋华堂内部仍有不少员工把便利店当笑话看，加入约克·七公司对他们而言无异于发配边疆。事实上也差不多，因为伊藤洋华堂的员工加入新公司的话属于永久调动，有来无回。再从"人往高处走"来看，申请调入新公司的人绝对是无药可救了，因为新公司以鼓励创业精神为名，所提供的薪资和工作条件只能用寒酸来形容。这还不算，新公司还没发工资就开始"敛财"——运营的一部分资金由员工的存款构成。这时候投入新公司，跟飞蛾扑火有什么区别？偌大个伊藤洋华堂，自愿加入新公司的员工寥寥无几，其他人员都是登报招聘来的。最后，新公司的员工来源五花八门，甚至有航空自卫队队员。就是这支毫无零售经验的"杂牌军"，构成了新公司的人员班底。

其次是上岗培训。不用说，这支"杂牌军"的战斗力肯定让人瞠目结舌，不是太强了，而是可以忽略不计。要想马上把这支"杂牌军"武装起来，接受南方公司的培训是必需的。然而，到南方公司培训后，铃木敏文的心一下子就凉了。培训教材很多、很厚，放到手臂上的力度大点甚至能让手臂脱臼，但册子里都是对店铺经营新手的说教，营销和物流这两方面的关键要诀几乎没有。铃木敏文一心期待快速活学活用，早些看到日本7-Eleven加盟店的诞生，但希望落空，顺产是不可能了。

到了这一步，有天大的困难都只能硬着头皮上。铃木敏文一边消化着培训无用的苦闷，一边绞尽脑汁地构想着自己开店的经营思路。等这次食之无味的培训结束，铃木敏文大体已经完成了框架的搭建，之前的阴霾一扫而空。回国后，他就开始着手日本首家连锁便利店的设立。后来的事实证明，自学成才完全是可行的，特别是零售业领域，总有些人能凭着对市场的把握、对经营方式的理解和对消费者心理的洞察而卓有建树。

约克·七公司已经整装待发，虽然人员等各方面条件参差不齐，但实战才是提升战斗力的最好方法。第一仗怎么打，要打出什么效果，作为新公司的统帅，铃木敏文已经胸有成竹了。

反常识：零售小店与大超市如何共存

如果太阳可以解决所有照明问题，就没电灯什么事了；要是一口大钟能给全城人报时，手表就没有价值了。如果非要探究铃木敏文如此执着于开便利店的外在原因，这种解释算不上科学，但经得住推敲。

进入20世纪50年代，日本国际地缘环境发生了出人意料的变化，眼看在一段时间内不得不夹着尾巴做人，但时局来了个大反转，外来东风一阵又一阵。

日本趁着持续利好的国际环境快速推进战后重建、恢复和发展，经济领域着墨甚多，成绩喜人。从1945年算起，还没到20年，日本就在经济领域成了条"好汉"。零售业作为沟通生产和消费的强有力中介，在整体经济形势大好的情况下，被"打鸡血"也是难以避免的，一大批大超市顺势而生，只要开张无不宾客盈门，财源滚滚，原本熟悉的街头常会魔术般地矗立起新的大超市，给人沧海桑田的感觉。当时几乎不用什么海报宣传，也不用大费周章做广告，超市开门等着收钱就行了。伊藤洋华堂就是这类超市的代表，托时代的福，发自己的财。小商店也不是没从大好的经济形势中分得一杯羹，但比起家大业大的大超市，充其量算是捡漏的。更让这些小商店坐不住的是，随着大超市进一步发展，来跟自己抢地盘是迟早的事，而对自己的斤两，小商店还是清楚的。除了焦虑，小商店的店长只能在大超市的车轮碾过来的时候抱怨几句，再有意见也只好咬碎门牙和血吞。日本国内从普通民众到零售业经营者流传着一种认识：小商店终将被扫地出门，只有大超市能在竞争中活下来，称霸零售业。

虽然自封门外汉，但是铃木敏文对这样的认识嗤之以鼻。从当年在东贩力排众议，把原先要死不活的《新刊新闻》升级为《新·新刊新闻》，打造为一大品牌开始，他的经营思路就已经不再同容易跟风的大众"同流合污"了。概括地说，铃木敏文的思路就是"不走寻常路"，他坚持认为多数人反对的事业往往能获得成功，而一项谁都赞同的事业，最终常以失败或流于平庸而收尾。

20世纪六七十年代正是大型超市的野蛮生长期，也是日本人钱袋鼓鼓囊囊的黄金岁月，一大波娱乐活动让日本人的生活充满乐趣，保龄球成为大家喜爱的消遣方式之一，加上职业保龄球运动员的推波助澜，这一运动捕获了无数男女老少的心。

在这种情况下，不但专业的保龄球馆林立街巷，任何一个只要能腾出些角落的大超市都在门店内增设了保龄球馆。伊藤洋华堂内部也冒出了要在超市门店里开辟保龄球馆的声音，大家都觉得这是笔稳赚不赔的买卖。铃木敏文又站了出来，给提议者泼了好大一盆冷水。他告诉这些人，开设保龄球馆易如反掌，几乎没什么进入门槛，但提供保龄球项目服务的超市一多，消费者渐渐就会觉得索然无味。为了维持这项活动的开展，超市之间的竞争必然白热化，希望出奇制胜的动机越来越强，但消费者对这项运动的厌倦注定使得各超市再怎么挖空心思也无用。更糟糕的是，放着好好的主业不干，涉足娱乐业，本身就有好高骛远之嫌。果然，保龄球运动在热了一阵子后急速降温，专门的场馆都乏人问津，更不用说超市里的了。

在大家都看好大型超市唱衰小型商店的时候，铃木敏文以自己的思路，再次唱反调——驳斥了这种所谓的常识。

诚然，大型综合超市财力雄厚，或者说至少能推出10万种以上的商品，单每天的营业流水就不可小觑，足以让不少小国家心惊胆战。规模稍次些的大型超市在商品种类上难以跟大型综合超市一决雌雄，但商品种类也有数万，足以满足消费者日常所需。对有大规模购买需求的客户，大型仓储商店自然是首选，但大超市通常也有能力满足客户的胃口。大超市还有一个变种，就是平价折扣店，平价是这种店的金字招牌，经营规模赶不上正儿八经的大超市，但在一般的小商店面前依然是大块头。

只要不是对大超市心存偏见，其售卖商品的丰富、价格的亲民、卖场的宽阔、选择面的富余、交通的便利等优势都是一般小商店无法企及的，特别是面对大型仓储超市和平价折扣店，一个单笔交易额动辄以万计，一个以价格王牌产生巨大的磁场，传统的小商店只能小打小闹。

如果大家都抱着这样的态度，那么小商店就只好听天由命了。但在铃木敏文看来，小商店的竞争优势本来就不在数量和价格上，以己之短竞他人之长导致了小商店在大超市的进攻下节节败退，而小商店本可以凭着许多有利条件搞得风生水起。

远亲不如近邻，远水不解近渴。但具体到零售业，对大超市情有独钟的人把这句话忘了。小商店面向的往往只是有限范围内的顾客，

便利统治世界：
7-Eleven的商业渗透

假如只是突然需要一两节电池、一袋洗衣粉等日常生活用品，大超市离得近或许还可以，但大超市的辐射范围也不是无穷的，这些人总不至于大费周章往大超市跑。附近有个小商店，燃眉之急就解了。就算有人非大超市不去，等在大超市繁多的货架上找到目标，面对收银台前长长的队伍，看看手中单薄的物件，就会感到大炮打蚊子——好奢侈。

再假设消费者愿意在大超市里耗着排队，但大超市一般要早早打烊，而不少小商店常常营业到深夜。此外，小商店只有卖实物的功能吗？如有需要，在社区的小商店临时存放点东西也是可以的。只要有人把小商店的这些功能制度化、条理化，比如延长营业时间甚至通宵营业，提升产品质量，再把提供服务的功能扩大化，比如代收快递，收发传真、缴纳通信费、打印、复印文稿、预订机票火车票等，那么小商店不但可以笼络有直接购物需求的平面化的顾客，更可以抓住有各种立体需求的消费者。

一旦小商店确立了差异化经营的思路，跟大超市拉开距离，猪往前拱，鸡往后刨，各走各的，那种"既生瑜，何生亮"的叹息就显得既多余又可笑。

成功的舵手个个相似，失败的经营各有各的借口。在不合于流俗，另辟新天地上，好的经营者总是能英雄所见略同，他们最喜欢干的事就是"打破思维定式"和"向不可能发起挑战"。

一直以来，车站的功用无非就是集中再释放客流，娱乐和购物跟车站八竿子打不着，但东日本旅客铁道株式会社（East Japan Railway，以下简称为JR东日本）的镰田由美子决意给车站添加些前所未有的东西，她想把见惯了人来人往的车站改造成一个能让人们放慢脚步，暂时留下来的地方。这个想法在今天满地开花，但镰田由美子萌发这个打算是在20世纪，出于"车站改建困难""根本没人愿意在车站购物""车站不应提供购物功能"等考虑，集团内部反对重重，很多商家也对入驻车站持观望甚至反对态度。

镰田由美子并没有因为这些振振有词的主流意见而退缩，反而坚持"顶风作案"，兼具多种功能的聚集型车站在她的强力推动下实现了。这种被命名为"Ecute"的设施建成后大放异彩，如今已成为JR东日本站内最具代表性的商业设施。这一模式也走出了东日本范围，逐渐让世界各地的车站具有了触摸得到的温情。值得一提的是，东京历史最为悠久的神田火车站，因为Ecute再度焕发生机，以火车站为基础改造的"mAAch ecute神田万世桥"项目，获得由日本优良设计奖颁发的"Best 100"大奖。

反常识的思维往往独辟蹊径，其实这种充满了谬误的"常识"，更大程度上算一种偏见。铃木敏文开店，看得见的是开了铺子，看不见的是开启了另一重境界。

选择最佳合作方：中小创业者

从第一家日本7-Eleven门店开张之际，铃木敏文所钟爱的合作者类型基本就定了，那就是中小创业者。

这一正确选择带来的好处显而易见，日本7-Eleven门店在1980年就达到1000家，数量不断增多，口碑也维持尚好。对这些中小创业者来说，正在起步的7-Eleven有发展和繁荣的强烈渴望，自己对未来的憧憬同样势不可当，两者有共同的事业心以及改善自身处境的强烈要求，遇到困难不会轻言退缩，波折难免但不会轻易放弃。7-Eleven扣住了中小创业者的精神命脉，中小创业者也很好地把握住了7-Eleven

的心态，两者结成了同荣辱的利益共同体。

铃木敏文也并非没给过一些有资金、有实力的意向者机会，但他们大多浪费了大好机会。这些有实力的意向者并不像中小创业者那样具有经营好便利店的决心，也懒得付出太多精力去从事在他们看来没有多少技术含量也难以赢得名誉的"卖东西活动"。他们加盟7-Eleven有的出于好奇，有的是为了多开财源，也有想打发时间的，就算开了店常常也只是另雇人手，自己很难放下身段"当垆卖酒"。在这些消极心态经营下的便利店，不是得过且过就是每况愈下，跟中小创业者手中的便利店一比，马上相形见绌。

走过的弯路说明，选靠谱的人，干靠谱的事，中小创业者才是7-Eleven的最佳合作伙伴，所以一直以来，中小创业者构成了7-Eleven加盟店的绝对主力。当然，在加盟之外，7-Eleven还有一个选择，就是发展直营店，从经营到管理全部由7-Eleven一手操办。这种想法很美，但只是纸上谈兵。

直营店从店长到营业员等人手都来自7-Eleven内部，无论思维、眼界还是行为方式，相对固化，想求得业绩方面的突破，给7-Eleven的管理注入新活力，要付出高昂的成本。再者，便利店事业本身的特性决定了店铺开发一定程度上要遵循"赶早不赶晚，赶快不赶慢"的原则，尤其在狼多肉少的时候，而直营店所需要的人员、精力等资源投入，常成为延缓进度的累赘。综合比较，找中小创业者加盟，成了7-Eleven快速播种收获的最佳选择。

偏爱加盟，并不意味着7-Eleven团队人员就可以当甩手掌柜，只是他们把每份精力都投入到可以产生最大价值的地方。加盟是个总概念，但概念下还可以分出不同的实现形式，粗略划分，加盟7-Eleven有两种途径：

一种是"A型契约"，申请者自备店铺，向总部缴纳300万日元作为"彩礼","娶"得加盟权。

另一种是"C型契约",这种形式就相对简单了,申请者除向总部缴纳300万日元外,再掏300万~400万日元进货费,即可加盟7-Eleven。

类似于常见的加盟,A型契约的申请者作为"娶妻"一方,300万日元完成"彩礼"功能,50万日元为培训费,100万日元为开业准备金,150万日元为开业出资。店铺要按7-Eleven的标准进行装修改造,装修费由申请者自掏腰包。正式营业后,店铺向总部缴纳特许经营权费,数额为总利润的43%或45%,2%的差别根据不同类型确定:全天24小时营业的,多劳少缴,缴纳43%;非24小时营业的,向总部缴纳总利润的45%。

虽然7-Eleven早在丰洲一号店开业不久就开创了24小时营业的先例,但这个标准并未强制推行,而是用经济杠杆制衡人的懒惰基因。正是这2%的小差距,制造了几乎所有7-Eleven店铺都是24小时营业的模式。由于充分考虑到激励机制的作用,特许经营权费也是可以在一定范围内浮动的。7-Eleven总部规定,24小时营业的店铺只要满5周岁,达到日销售额30万日元以上,特许经营权费下调1%;年利润达到5000万日元以上,再减1%;年利润增加到7000万日元以上,又可减1%。

对7-Eleven便利店而言,营业满5年后,这三道门槛几乎都不是问题,以平均日营业额67万日元计算,7000万日元的年利润几乎是水到渠成,所以经营满5年的7-Eleven便利店,特许经营权费通常只占总利润的40%。另外,由于特许经营权每15年一期,期满后如续约,24小时营业的店铺还可在费率上获得4%的折扣,只需向总部缴纳总利润的36%。再过6年,只要店铺继续营业,费率再降1%,11年后还愿经营,又降1%,低至34%。

对于"入赘"的中小创业者来说，7-Eleven总部以委托形式让申请者经营店铺，经营考察期一般在4个月。4个月一满，申请者表现合格，7-Eleven总部即向其支付工资，刚开始一个店铺总月工资为37万日元，店铺第二层提供给经营者住宿。店铺无二层的，7-Eleven总部再拨3万日元给经营者就近租房。申请者成为店铺的合格经营者后，并不是就真的完全靠打工领工资了，他们依然算是这个店的老板，不过也兼职做"过路财神"，因为赚来的钱大部分要上缴总部，跟A型契约的申请者差别较大。

由于店铺是总部的，总部前期投入占了大多数，C型契约的经营者所获月利润在250万日元以内的，上缴56%，250万～400万日元的缴66%，400万～550万日元的缴71%，超过550万日元的缴纳76%。C型契约一直很有市场，申请者非但没有裹足不前，反而不断有更多的人跃跃欲试。原因很简单，凭着7-Eleven的招牌，店铺的绝对利润比同类便利店往往高出不少，经营者依然大有可为，这种方式对毫无经验的经营者来说，单是风险控制就足够有吸引力。

不论哪种契约形式，7-Eleven总部尽量大开方便之门，不但设有信贷资金，为有需要的经营者提供除开业准备金外所有款项的贷款服务，而且长期提供低息贷款。除全面的培训外，7-Eleven完善的援助体制相当于为加盟便利店提供了一张兜底的网，确保任何时候便利店都能软着陆。总部不但对有需要的加盟店提供陈列橱、货架、陈列台等物资援助，以及派经营顾问上门服务，还承担80%的电费、水费等支出。7-Eleven总部还以家长方式，设立了一整套纵贯店长、店长配偶、营业员的抚恤金、慰问金、养老金制度。那么，一个得到公司方方面面照顾、免除后顾之忧的店长或店员，还会不努力工作为自己、为公司创造效益吗？

第二章　硬门店，软单品

从开店到经营的流程

每签下一张申请契约，对7-Eleven总部来说既是好消息，但也增加了一份责任感，这都是拿自己的招牌做赌注。从申请到开店，再到经营，7-Eleven设立了一整套的工作流程，为店铺经营立下了一系列规矩，但这些流程和规矩并不是死物，而是在有条有理中透着通情达理，藏着7-Eleven便利店特有的经营思维。

在申请者表达加盟意向到正式开店期间，7-Eleven特许操作流程主宰一切，但也留下了足够的空间，给双方各自完成"自选动作"。

一般情况下，流程的启动按钮是由申请者触发的，申请者先上门"提亲"，负责接待业务的总部人员对任何一位"提亲"者都必须一视同仁，向他们毫无保留地说明特许权的含义、使用方法，以及如何最大程度发挥特许权的功能。每个负责该项业务的总部人员都是特许权活的说明书，但说明书并未统一格式或设计，只要能向申请者完整而准确地呈现特许权信息就行。如果这一步无异议的话，就可以接着走向下一关。

这时总部会对申请者的店铺进行一次全方位的测评，分析店铺合不合适以便利店的形式运营，所在商圈、市场有没有能力支撑便利店业务。与测评业务平行进行的是对特许合同的解读，总部负责人将合同内容和规定逐一"解剖",申请者只要对合同表示接受和认可,双方即可"领证",正式签订合同。

凡成为7-Eleven的一员,店铺可以结合所在地区特点进行装修改造,但总体风格必须与7-Eleven便利店的大体一致。总部会负责研究详细方案,联系建筑装修公司上门,申请者唯一要做的就是打开钱包支付装修费用。如果申请者因种种原因囊中羞涩,7-Eleven总部的援助计划就进入程序,申请者申请贷款融资就好了。

与装修改造同步的是设备和柜台的订购,设备和柜台并不需要统一制式,只要能跟店铺具体情况配合好就行,但不能抢了商品的风头。申请者之前的经历和身份五花八门,但不管是对零售业已经有实战经验的老手,还是准备接触零售业的新人,都要接受培训,计算机系统操作管理、商店运营的诀窍技巧等内容都要在这个阶段尽可能消化。学习得差不多了,店铺装修改造相应也接近尾声,店铺就成了活教室,包括陈列技巧、促销活动开展等培训就都可以在店内现场演练。

上述流程走完,总部人员选个好日子把钥匙和装修竣工证书一并交给店长,店长再将广告宣传册一发,商店计算机终端和总部主机一接通,加盟店就正式开张迎客了。

纵观特许操作的流程,程序固定化和灵活性的结合减少了流程发生"梗塞"的可能性,这正是便利店经营的思维之一:与人方便,于己得利。这样的思维除在特许操作阶段大显威力外,到了店铺正式营业,在总部与店铺、店铺与供货商、店铺与顾客之间的沟通和信息共享阶段,完成工作流程化展开、业务衔接式推动时,更需要运用这样的思维。这时候的流程主要体现在对信息技术的应用,以及对各种终端的依赖。

在店铺与供货商之间的工作流程化方面,由于7-Eleven在1978年就引入了终端机订货系统,并在之后不断升级,订货很快就实现了条码化，条码为7-Eleven提供了一条龙服务，从进货、验货到库存的变更和清点，只要一扫条码，就能一目了然。扫条码的能耐有多大，一个例子就能说明。

便利店每天都会根据商品特性，由包括临时工在内的店员决定订货种类和数量，那么，怎么验证送来货物的种类和数量呢？扫一件商品就够了。由于种类和数量早已输入系统，收货后扫一件商品，系统马上把和这件商品一同送来的货物批号、供应商、商品明细呈现出来，无须验货人员逐一清点，订货数与交货数就在系统里显示得明明白白了。不同批次送到的货物在接受验货之前，系统默认验货处于未完成状态，强行按下完成按钮只会招来系统警报。经过确认的数据既是验明正身的进货数，也通过系统传输到供货商手里，立此存照，交易有据。试想，离开了这一高度信息化的工作流程，要增加多少人手，另出多少开支才能达到同样的效果？而且人工记录产生的错误，又怎么轻易避免呢？

店铺与总部之间如何实现财务互信？在信息系统没能充分利用之前，这是个很棘手的问题。店铺与总部签有经营利润分割的协议，要想保证协议的正常履行，店铺的经营状况最好能实时反映到总部。

由于有了POS收银机、扫描终端、与总部连通的计算机信息系统，7-Eleven自1991年就实现了销售额日报、库存变更数据自动化处理，又在2005年第六次店铺综合信息系统导入后，彻底实现了店铺——总部——供应商之间必要的信息共享。在强大的技术支持下，只要总部有需要，店铺的每一笔交易都能出现在总部眼前。而是否需要实时上报，这是工作流程灵活性的体现，可以根据实际情况而定。

这一流程带来的益处不但体现在店铺和总部短时间内的联系上，总部还可以通过瞬时流程的抽象数据勾勒出一定时间段内的顾客具象，为店铺今后选货和订货工作提供意见。

由于技术服务保证了工作流程的顺畅，总部——店铺——供应商都在享受着流程化带来的轻松，特别是店铺有了更多精力在服务方面下功夫。这些看不见的效益为交易减掉了大量成本，和看得见的好处带来的改变一样喜人。仅以纸面票据这一项计算，无纸化让每个店铺每年削减了110万日元的开支，1万家店铺就能节省11亿日元，这对所有与7-Eleven相关的各方都是重大利好消息。

对店铺与顾客来说，信息技术支撑的流程化并没直接加强彼此之间的关系，更多的是POS系统提供的购物金额可视化。但从流程化减轻店铺工作人员的劳动负担，使其腾出更多精力和耐心面对顾客，促进7-Eleven便利店好形象深入人心的角度看，一样功不可没。

成功的流程化模式，在7-Eleven与申请者互动的特许操作阶段，以及店铺、总部、供应商、顾客之间发生联系的各个环节都发生着作用。特许操作开展时让申请者明确自身是否合适运营7-Eleven便利店，加入过程中得到贴心的支持和超出预想的帮助，正式运作后供应商从中体会到便捷和可靠，强化与7-Eleven合作的意愿，也增加了为7-Eleven提供更稳定和优质服务的可能。总部为店铺着想，尽可能减少不必要的麻烦，让店铺更加专注地投入经营。店铺也因为采用流程化工作模式，为总部尽力免除管理和指导方面的浪费，增加了总部利用节省下来的时间精力思考根本性战略问题的机会。

狼群战略：以面覆盖，密集选址

7-Eleven在日本的门店数量早在2005年就已破万，从那时至今日本境内门店增数每年都保持在三位数，平均每天都有一两家新店开门营业。实际上,这个速度不慢,若不是考虑到服务质量的稳定,这个速度还可以攀升得更快。

每家新门店开张都像是7-Eleven又下了一个蛋,蛋下得多了,尽管喜悦的感觉仍在,可比起第一次下蛋,感触难免平淡。更重要的是,伴随着第一次下蛋的喜悦感的,还有阵痛、焦虑、渴望等一连串的复杂体验,自然让人难以忘怀。如今身为7&i控股集团CEO,每天要应对数十上百件事务的铃木敏文依然能清晰地回忆起日本第一家7-Eleven便利店开业当天风雨欲来的天气,也还记得7-Eleven的第一位消费者所购买的是一副标价800日元的眼镜。

比起今天7-Eleven一呼百应、加盟申请纷至沓来的号召力,刚登陆日本时的7-Eleven就像是个初涉影视圈,在某影视学院或拍摄基地大门口的群演"路人甲",影响力不必提,想有戏份一靠卖力吆喝,二靠碰运气。日本7-Eleven一号店的产生,非但不具任何创业故事起初常有的激动人心,反而笼罩着一股勉强上马、走一步算一步的阴影。

从下定决心确立日本的首家7-Eleven便利店以独立经营加盟店形式运作后,铃木敏文便带领"杂牌军"开始了"海选"加盟店店长的行动,直到一位住在东京江东区的23岁青年山本宪司出现,致信铃木敏文团队,表达加盟意愿。

经过了解,山本宪司不久前刚从大学肄业,继承离世父亲留下的酒坊,已婚,还有弟弟妹妹要照顾,家里的负担全压在肩上,而酒坊因为酒类有法定定价的规定,能赚点小钱,但盈利空间极其有限,只能算一棵发育不良的"摇钱树"。山本宪司正犹豫要不要破釜沉舟,放弃酒坊,另谋生计,恰在此时从报纸上看到7-Eleven的加盟启事,于是决定赌一把。

单纯从店铺选址等角度看,山本宪司的酒坊所在的位置并不在人群密集的黄金区域,店铺面积即便是开便利店也只能算差强人意,而且山本宪司本身的经营能力也有待考察。尽管存在这些短板，铃木敏文在这些不利条件背后也看到了山本宪司打响头一炮的潜能。从放弃学业继承父亲的酒坊，到为了家人决意做出改变，山本宪司的行为很符合儒家的"孝""忠""仁"，所体现出来的责任感让对儒家精神有好感的铃木敏文感到放心。再者，敢做第一个吃螃蟹的人总是要有些勇气的，铃木敏文相信山本宪司敢于挑战的精神会在今后的经营中继续发挥作用。接受加盟申请后，铃木敏文还给山本宪司吃了颗定心丸：3年后若经营失败，铃木敏文团队负责将店面恢复原样，把酒坊完整还到山本宪司手里。3个月后，对山本的培训基本结束，店面也改装完毕。1974年5月15日，日本首家便利店，也是真正意义上的便利店——7-Eleven丰洲店开业。

开张第一个月，便利店日销售额平均在37万日元，是经营酒坊的两倍，看起来不错，但纯粹的销售额数字说明不了什么问题。扣掉包括上缴总部在内的各种成本支出后，便利店纯利润跟酒坊差不多，再算上购货、上货等环节付出的劳动，便利店的纯利润还要缩水。

经过分析，库存过重是拖累纯利润的直接元凶。现在，7-Eleven门店日销售额平均在64万日元，库存不到600万日元，而丰洲店当时的日均库存高达1300万日元，销售额和库存的比例严重失调。按今天的商业流通规则，零售商可以根据自身情况酌情进货，但当时日本零售业的规矩大不一样，进货都是大批量的，即便有长期业务往来，批发商大多只愿意做"大生意"，根本不存在小额配送的商业模式。不改变配送规则，商店就只能在商品售完后再进货，滞销的一直滞销，热卖的常常缺货。

要解决这一问题，就要对批发商和小商店间的传统供货模式进行修正，但寄希望于批发商响应小商店的需求，未免太高估了批发商的道德水准，商业逻辑并不天然要求商人"身上流着道德的血液"。况且，就算批发商答应了，这样的业务交流也是不可持续的。

　　山不过来，人就过去。面对这样的矛盾，7-Eleven一直奉行的经营原则之一——密集选址，多点开花发挥作用。7-Eleven便利店主打的特色牌之一是"做身边的好邻居"，要做邻居就不能隔得太远，也只有距离近才能发挥便利店的优势。相对于大超市辐射的大圈，一个便利店只要照顾好一小片儿就够了，在同样的地域面积上，大超市有一个就够，而便利店可以见缝插针，楔进每一个有需要的角落。在一个区域内，店铺一多，批发商送来的货马上就能化整为零，单个店铺就能在很大程度上避免了积压囤货，库存一降，利润率上升在望。既能更好地提升利润，又能特别凸显便利店"好邻居"的形象，所以密集选址战略一直是7-Eleven扩充地盘的一大法宝。如果把大超市看成航母，便利店要生存就只能抱团取暖，以小潜艇的身份实施狼群战略，分得应有的市场份额。这里密集选址所用的狼群战略之所以屡屡奏效，是因为背后有着坚实的理论依据撑腰。

　　早在20世纪20年代，美国人均GDP已达到5000美元，较成熟的经济环境和较高水准的收入水平给经济学家和企业家提供了观察经济发展、梳理经济理论的适宜土壤。威廉·赖利于1931年提出了著名的"商圈理论"，在近些年各种"圈子文化"日渐流行的背景下，商圈理论爆发出了更强大的生命力。作为一种零售吸引力法则，商圈理论在铃木敏文团队无意识的运用下，为7-Eleven一次次立下功劳。

　　商圈理论把某个商店或商店群看成一个引力源，这个引力源对周围地域的生活和消费具有提供支持经济的主导作用，随着地域的扩展，这个引力源产生的吸引力逐渐稀薄，形成近似圆圈的影响区域。商圈呈现形态多种多样，流动人口多、各式商铺应有尽有、消费方式多变、成交频次高而且交易总额大的商圈为商业区；人员较为固定，以居住为主要功能的建筑群构成住宅区；院校数量多，以学生为区域

便利统治世界：
7-Eleven的商业渗透

内主要构成人员的区域为文教区；写字楼构成主要建筑群、上班人数集中的区域为办公区；全部或部分综合以上特点的区域为混合区。便利店在选址的时候，对店址所在区域的类型要有充分而全面的考察，也就是要落实商圈，明确便利店指向的主要消费人群。更具体的选址因素，还要包括商圈内人口数量、人流流向、人群消费水平、道路便利度、商店可视性等诸多方面。

  原则上，日本7-Eleven在考虑是不是在某地新设店址时，以主要消费人群能否在10分钟内步行到店为关键指标。根据不同的商圈形态，7-Eleven经营中对消费者的无限"溺爱"也得到不同形式的体现，但近便原则是重中之重。每个7-Eleven便利店都是本商圈内分化出来的又一个小型引力源，每个小型引力源都负责为辐射范围内的消费者提供可靠、稳定、方便的服务。在这样的布局下，一个商圈内的几个7-Eleven便利店距离不会远，生产商或批发商还是可以大批量供货，但这些货物不再由一个店铺全盘消化，便利店与供货商之间采取统一进货、统一经营、统一结算的"大一统"往来模式，成本得到了很好的控制。与此形成鲜明对比的是，不少大型超市或购物中心在营业之初能吸引消费者上门大量采购，但时间一久，消费者集中采购的意愿往往不再那么浓烈，大超市或购物中心营业额一降，加之房租等必要性开支远甚便利店，经营常面临重重困难，服务水平难保不打折扣，关门倒闭也是很有可能发生的。

  合理的密集选址不但为物流配送减轻压力，还因为跟消费者关系密切，知名度不知不觉就得到了提高，只要有更多人尝试走进便利店，提供高水平服务的便利店很容易赢得消费者长期而稳定的信任，这几乎是不用额外出钱的无声广告。当一定区域内7-Eleven便利店的门店数达到上限后，消费者对7-Eleven的感知和亲近度的提升就带来了各门店营业额的增加，这就是科学上的"临界点效应"。

密集选址的狼群战略还有一个显而易见的好处：威慑潜在竞争对手，增加同类型商店进入本区域的顾虑。就算其他便利店大着胆子开张了，已经对7-Eleven形成依赖感的消费者初期可能会尝尝鲜，但只要7-Eleven能一如既往提供高品质商品、高质量服务，或者在之前的基础上有所提升，那么这部分被分流的消费者很快就会重新投入7-Eleven的怀抱。反过来，如果7-Eleven想打入竞争对手的地盘，密集选址一样能奏效，临界点只要再发挥作用，7-Eleven在对手的地盘上极有可能完胜，实现后来者居上。

如何定一个合宜的价格

进入20世纪80年代，美国迎来了又一个繁荣发展时期，民众的消费开始迎来井喷。大超市为了迎合这一需求，主动对商品价格一通砍杀，各种降价打折促销活动层出不穷，掀起一阵阵购物狂潮。大超市放下身段，便利店也开始坐不住，想方设法在价格上做文章，意图挽回涌向大超市怀抱的顾客。可惜在那阵狂潮下，消费者始终被大超市吃得死死的，便利店越是降价割肉，消费者越不买账。

这样的情景不禁让人想起这样的笑话：乌鸦和猪一起坐飞机。乌鸦向空乘要酒喝，得知没有，乌鸦发飙道："连这个都没有还开什么飞机？滚！"猪觉得乌鸦太帅了，也如法炮制向空乘要酒，接着照葫芦画瓢让空乘滚。一分钟后，猪和乌鸦一起被扔出了飞机。乌鸦对猪说了句话："我有翅膀，你有吗？小样！"

大超市家大业大，商品种类繁多，降价促销可以换着来，几个月不重样。便利店底子薄，商品种类有限，跟大超市学着打价格战，就像猪学乌鸦耍帅，摔下来不死即残，最起码也会伤筋动骨。由于又是介入房地产，又炒能源，偏离了之前的定位，美国7-Eleven母公司美国南方公司在这场降价潮中频出昏招，在国家经济形势大好的背景下反而步履维艰，不得已，在1989年把夏威夷分部店铺盘给了日本7-Eleven经营。

零售业的特性决定了所经营商品不具备待价而沽的条件，商品值多少钱，买卖双方大都心知肚明。就算出了些新品，在今天这个时代，同类商品也会以最快速度在各式卖场的货架上涌现出来。便利店想通过信息不对称定高价，大概是想尝尝被顾客抛弃的滋味。

定高价做一锤子买卖是死路一条，打价格战低价经营也是一条死路，价定得不高不低难以跟其他竞争者区别开，经营者自己都会觉得缺少让顾客上门的理由。看起来很难办，其实，还是因为经营者太把自己当回事，如果先放下对经营者角色的执着，用顾客的眼光看问题，纠结也就少了。

尽管在对商品本身的认知上存在较多感性，但在价格上，顾客只会越来越理性。顾客并不会因为商品的高价格望而却步，也不会看到低价就趋之若鹜，他们心中对商品价格合宜与否的唯一标尺就是公平，价格所体现的公平，招徕的是可靠的人心。

习惯于以成本价定销售价格是卖方的权利，但卖方并没有这么好的福气可以理所当然就这么干，在品质、观感或心理效用等方面并未超出同类多少的商品，如果大家的定价都是100元，顾客认为的公道价格就是100元，卖方所有高于这个价格的理由在顾客看来都是冠冕堂皇的。但卖方也没必要因此而大幅削价，因为伴随价格不健康跌落的往往就是服务品质的下降。这样得不偿失的交易，因为不可持续而毫无意义。

在给商品定价时，经营者要做的功课十分多，必须充分认识每种定价方法的利弊，落脚于定价对销售可能产生的影响。以最常见的成本定价法为例，不但有总成本加成定价法、目标收益定价法、边际成本定价法，还有盈亏平衡定价法。这些以成本为导向的定价法各有所长，也带有难以克服的弊端，选择就要付出代价，决定了采用某种定价法就不能再心存只享受好处不承担相应后果的侥幸心理。

总成本加成法是定价法中的元老，也是商业史上定价思维最基本的方法之一。这种定价法要求将生产商品所发生的耗费滴水不漏地考虑到（包括看得见的材料消耗和看不见的设备损耗），再计入所期待的目标利润率。这一定价法充分站在卖方的立场考虑问题，单从定价程序上看，目标利润率的设定给了卖方"为所欲为"的机会，但没几个卖方会把目标利润率定得离谱。这一定价法因为简便易行，给卖方省了不少事，尽管存在主观性难以克服的缺陷，依然很受欢迎。随之而来的一个问题是，在同一时期，同一市场，大家在成本支出上差异不会太大，目标利润率在市场的作用下也中规中矩，最后大家得到的商品定价也就半斤八两，从价格上对顾客群产生吸引力的打算就流产了。

目标收益定价法对卖方的宠爱是更加显而易见的，几乎完全从照顾卖方的角度着眼，允许卖方根据投资总额、预期销量、投资回收期等更具体的元素理直气壮地定价。可见，目标收益定价法对卖方而言是最贴心的，但对卖方太贴心，结果就是让买方寒心。采用这一定价法的卖方多是在市场上拥有较大发言权的大型制造业，或者有一定政府背景的公共事业单位、大型劳务工程公司，既然市场总能消化掉相关商品，考虑定价时多存点私心也无关大局。显然，对常见的卖方，特别是看消费者心情吃饭的便利店，这样的定价法是不可取的。

成形的边际成本定价法是近年定价法中的新生儿，曾用名为变动成本定价法。这种定价法充分考虑了增加或减少所生产的产品而带来的总成本变化量，并能根据所在时间点定价，很有见风使舵的"墙头草"风格，但这种定价法很符合充满变数的市场的胃口。特别是边际成本定价法跳出旧有的成本控制定价的模式，就算是一定时期内售价低于成本价，看起来是在赔本赚吆喝，但从总体看，获利依然能高于成本，是实现名利双收的一个不错手段。便利店从自身条件来看，不适合总是降价的"割肉"法，但未尝不可给点折扣"卖血"，边际成本定价法可以一试。

单纯以成本为标尺的定价法照顾了卖方，市场对此自然很难买账，好在卖方定价流程一般不会公之于众，如果消费者洞悉了其中奥妙，一旦消费者强烈抵制，卖方离死期就不远了。卖方要想长寿，就不能在定价上吃独食，而要匀些价格上的空间给消费者，让消费者感受到卖方在价格上的诚意和公道。

以消费者为中心定价，关键在于两方面：一是理解价值，二是需求差异。

消费者到便利店购物，心态上就不会有强烈的多而全要求，来买的是产品，要的就是产品的使用价值，最好再有些超出预期的价值。便利店的大多数商品在品质上跟大超市相差无几，要想让消费者在价格上对商品的价值进行认可，便利店就不得不花费更多心思让消费者在最短时间内感受到商品的附加价值。当消费者对商品的价值认可度处在高位时，便利店在定价的时候略高也无妨，这时候低估了消费者的价值认可度，反而会带来本可以避免的损失。

需求差异则是根据数量、质量、消费群进行价格上的区分，让每个层次的消费者都能根据自身需要选择商品，而便利店提供的商品恰好在自己需要范围内。这样的定价区隔如今已屡见不鲜，但屡试不爽。

铃木敏文最喜欢举牛肉干的例子。

在每百克500日元和1000日元的选项基础上再增加一个每百克700日元的，消费者马上就从500日元的牛肉干中抽身，选择700日元的，因为它给了消费者在数量、质量、价格上的多重公平感，购买欲望油然而生。另外两种选项也不是就没了用处，因为中间选项的人气和热度也会带动同类商品销量的提升，促进营业额的整体提高。

让消费者从商品价格中感受公道，进而产生被尊重的感觉，是评判定价方式是否成功，也是判断价格是否合宜的标尺。价格公道了，在其他条件相同的情况下，就等于在市场中把竞争对手甩开了几条街。

经济学无法解释的陈列法

2015年，《时代周刊》评选出了本年度世界最有影响力的100人，奥巴马、普京等世界强国的一把手榜上有名，而像蒂姆·库克等企业家大鳄也少不了。这份榜单的不同寻常之处在于，一个名叫近藤麻里惠的普通日本女子也赫然在列。她上榜的理由说出来让人惊诧：很会做家务，确切地说是在整理房间方面特别有一手。经过近藤麻里惠整理的房间，其整洁清爽程度让无数人甘拜下风。她的粉丝在社交网站上留言告诉她："像她一样整理房间后，感觉就像整个人生都被重新整理了一样。"对乱糟糟的室内陈列摆放的感觉有多糟糕，对给人耳目一新的清爽整洁就有多向往，这应该是从近藤麻里惠现象中可以得出来的结论。对自诩要走在需求之前的7-Eleven，肯定可以从近藤麻里惠这里再学到些什么。

铃木敏文和他的团队也意识到，酒香不怕巷子深，但怕酒坊脏，怕坛子丑。

　　先说说"酒坊"的问题。7-Eleven便利店的铺面面积大多在100平方米上下，但容纳的商品数量为2500~3000种，胃口大而肚子小。因此，店铺每寸空间都必须得到充分利用，从店铺结构到颜色搭配都有必要突出便利店特色，形成自己的风格。一种很可能出现的情况是，经营者花了非常多的心思，投入数量可观的真金白银，店铺看起来光鲜亮丽，但很可惜，店铺总是门可罗雀，销售成绩乏善可陈。通常，人们面对这样的困境时，有指天骂地怪自己运气不好的，也有满腹委屈抱怨消费者不能慧眼识珠的，还有些人一看风头不对，病急乱投医，马上就对店铺进行再加工，再次敲敲打打装修，里里外外粉刷，好像改头换面之后就能财源滚滚来。

　　客观地说，只要开店地址并没有到无药可救的地步，再加工的做法仍是面对不利情况时的积极举措。但问题在于，店铺已经有模有样，而营业额总是上不来的原因却有多种可能，如果根源真出在店铺硬件的风格搭配上，改装也要从适应顾客购物的角度出发，并不是经营者自以为是，按照自己的喜好"乒乒乓乓"对着店铺一阵敲打就能给顾客提供良好的购物体验。

　　铃木敏文对店铺风格影响销售额的丰富经验是付出"学费"得来的。

　　早前，伊藤洋华堂曾跟美国一家设计公司合作，由伊藤洋华堂全程出资，设计公司负责将伊藤洋华堂的某店铺重新装修，以此促进销售。伊藤洋华堂那次砸了一大笔钱，设计公司的工作看起来也极其全面，店铺的外观、内部装潢、陈列架的样式及摆放都彻底换新颜。改装完成后营业，销售额并没发生任何改观，改装宣告彻底失败。

　　铃木敏文开始对这次失败的改装进行分析。后来发现，最根本的问题在于设计公司的行为属于自说自话，单纯从建筑和色彩美学角度着手，完成了一件他们眼里的得意之作，却忘了改装店铺的初衷。提升营业额是这次改装的出发点和落脚点，从整体到细节的加工都要考虑店铺的实际情况，形成店铺特有的风格，吸引顾客上门消费。美国公司的改装把店铺分成了割裂感十分鲜明的拼装组合，店铺外观和店内设计基本不搭调，货架陈列又自成一套，在店内作为很孤立的存在，形成一种不友好的气氛。

在店铺整体表现不存在大问题，商品种类和质量也不比同类商店差的情况下，营业额如果还是表现欠佳，那就没办法了吗？且慢，抱定"一切以方便顾客购物"为宗旨再试一次，也许就能得到意想不到的收获，7-Eleven也是这么走过来的。

有效的陈列就是合理陈列，这个"理"就是顾客的需求，顺应的也是顾客的实际需求，而凡是能促进销量提升的商品陈列方式，都暗合了营销学中经典的爱德玛法则。

爱德玛法则描述的是顾客在最终决定购买前的心理活动，有6个阶段：

第一阶段是"注目"，在这里，所有顾客都被看成了是"外貌协会"会员，只要不是目的性太强，关注的都是在外观上特别有吸引力的商品。

第二阶段是"兴趣"，或者因为外观，或者因为其他因素，顾客对某种商品产生好印象，催化购买欲望。

第三阶段是"需求"，针对准备购买商品的顾客，强化其购买意愿，对本没打算购买的顾客，令其产生购买冲动。

第四阶段是"信服"，顾客相信购买了商品能得到相应的价值。

第五阶段是"记忆"，顾客下定决心要买，但不是现在，而是准备在将来的某个时间点再入手。

第六阶段是"行动"，顾客准备出手，但这一阶段并非就可以万无一失，比如商品出现缺货的情况呢？

想充分发挥爱德玛法则的作用，陈列商品的时候既要抓大放小，又要有所禁忌。

抓大放小要求经营者必须是个"势利之徒"，把主要精力放在能带来大部分营业额的少部分商品上，这就类似于大家耳熟能详的二八法则。店铺所售商品带来的销售额不一样，商品由此就带有三六九等的性质。

以零售业常见的"商品ABC分析法"进行观察可知，同一时期内100种商品相对有33种是最畅销的，排在1~33位的就是畅销商品，称为A类商品，这部分商品数量上占比不一定多，销售额却能占到75%以上；排在34~66位的可称为B类商品，这些商品的销售额占比在20%上下；最后67~100位的商品所占销售额只有5%左右，可以算作被消费者打入"冷宫"的过气商品，即C类商品。

具体到各类商品曝光的机会，店铺内的最佳位置务必交给A类商品。具体到货架，这类畅销品最好放在顾客目光最易扫到的"黄金视角"。在A类商品中，大概还有1/3的商品是畅销品中的人气之星，是更值得不遗余力"推波助澜"的一类。这类畅销品或促销品的曝光频率一定要高，在占据货架最佳位置的同时，还应让它们以规模合适的组合形式集中在一起，营造出视觉冲击感。决定了要以打折形式促销的商品，不要小家子气放到顾客不容易看到的位置。便利店不是超市，提供的就是便利，不能让顾客进门后自己摸索半天，好不容易找到了商品却又发生了脱销或缺货的情况。

陈列商品要从顾客的角度出发，这就决定了即便有一些改进看起来有违常理，但在卖方看来的不合理，正是买方需要的形式。百货商场和大超市把衣服挂起来卖，因为这些场地不差那几个衣架的面积，正好尽情展示自己不缺地方也不差货。还有一些商家钟情这种陈列的原因是，挂衣架上直接简单，不用再费时间整理。这种衣架陈列法是符合卖家需要的，但在一些店面不是那么大的店里，要想出彩就只能反其道而行之，把衣服摞起来堆到平台上。这样最能刺激消费者的探索欲，而且摞堆得好的衣服，给人整洁舒适的感觉。当然，不是所有的衣服在小店里都适合摞堆，应季的时尚款式就必须直接展示，显示自身价值，顾客才有接受的欲望。

首先说说颜色。颜色的搭配是货架陈列的重头，直接目的在于"给顾客点颜色看看"。红色等深色畅销商品放置在黄金视角的货架中央，其他颜色的商品在两边做陪衬，顾客眼中看到的就是更具视觉冲击的现场，爱德玛法则就能作为看不见的手推动顾客掏钱的手。

其次是视角。人的身体结构决定了眼观天下只是种美好的幻想。在不扭头摇颈的前提下，连上余光，上下视野的角度在120°~140°，双眼水平视角在180°~200°。在零售店铺里，由于灯光、商品包装等因素的影响，视野的有效角度会变得更小。另外，人的视觉是有流动规律的，靠得比较近的话，方向一般从下到上，但不会太低；隔得远些，一般先看到正面，再逐渐下移。店铺内的货架高度不一，但人最容易关注的高度是固定的，80~160厘米是得到过最多人眼睛扫描的高度。在同等情况下，这个高度被称为黄金陈列区，而陈列区的中间区域，大多在人的视阈内，这个角度跟着沾光，成了黄金视角。进入这个区域的商品，在一定程度上获得了畅销的VIP待遇。

最后讲讲数量。上架商品的选择不是韩信点兵，更不是海选现场，并非多多益善。以7-Eleven店铺放饮料的冷藏陈列柜为例，放下150种饮料基本不费力，但卖得好的门店没有一家为求全而这么干，放得越多卖得越好只是商家自己的想法。带有强烈目的性的顾客越来越少，进店才决定买什么的越来越多，7-Eleven门店只会精选出不到100种饮料，畅销的放上两三排，让畅销的更叫座，售卖情况一般的饮料在边缘露个脸就可以。越新鲜的、畅销的商品给的表现机会越多，反之得到的关注越少，这就是马太效应在7-Eleven门店里的具体运用。

满足顾客不是被动地响应需要，而是必须想在顾客前头，在商品陈列上给顾客惊喜。在季节、用途、顾客性别和思维上有联系的商品，都可以点"鸳鸯谱"，也就是关联陈列。购买香肠的顾客，对面包的需求也是有的，如果货架上两者隔得太远，毫无疑问这是失败的摆设陈列。香肠、面包成为邻居后，即便只想买其中之一的顾客也很可能会顺手再买下另一样，对早就打算二者都买的顾客，商店这样的陈列减少了寻找另一种物品的麻烦，对商店的信赖度自然就产生了。关联陈列背后还有一个有趣的"空鸟笼原理"：挂一个美丽的鸟笼在房间最明显的地方，过一段时间，主人很可能不得不面对两个选择——把鸟笼扔掉，或者买一只鸟放到笼子里，因为这比无休止的解释轻松得多。空鸟笼原理告诉大家，大多时候人们都受制于强大的惯性思维，有此必有彼，有甲必有乙，卖方如能充分利用这一原理，常能化腐朽为神奇。

关联陈列的核心在于透过现象看本质，打破孤立促联系。将关联陈列发挥到极致的是沃尔玛，"啤酒+尿布"的陈列一度成为零售业界的传奇案例。

一个夏天，沃尔玛某门店的经理发现一段时间内婴儿尿布和啤酒的销量你追我赶，一荣俱荣。经理在觉得奇怪之余，派出了专门人员在卖场内全天候观察，最终看出了端倪：买这两件商品的多是30岁左右的男子，孩子多在哺乳期，每次奉太太之命到超市购买尿布，总会顺手买几瓶啤酒。

沃尔玛管理层马上采取行动，拉近原先八竿子打不着的妇婴用品和酒类饮料的距离，并结合商圈对尿布和啤酒的价格做了降价调整，除此以外还向一些购物达到一定金额的顾客赠送奶嘴和其他小礼物。在那段时间，这类商品的销量自不用说，顾客满意度大大提升，其他竞争对手的一批老顾客也被挖了墙脚。

第三章　单品管理的四个维度

怎样做到即时收发零库存

台上一分钟，台下十年功，幕后很可能还需要一大批人忙忙碌碌。7-Eleven敢以"身边的好邻居"自居，靠的就是货架上充足的备货和高品质服务，顾客踏进便利店却因为缺货不得不空手而归的情况是7-Eleven的大忌，也会让铃木敏文深感愧疚和耻辱。

要避免因缺货而让顾客扫兴出门的事情出现，储备和补充就要能随时响应，大多数经营者都会首选为店铺备个小仓库，7-Eleven对这一做法的反应是摇头说不。在保证能随时提供商品但又不在店铺里设仓库，乍看之下又是"既要马儿跑，又要马儿不吃草"的矛盾，其实，没仓库一样能让货架上的商品琳琅满目，数量充足，奥妙就在7-Eleven特殊的物流体系，以及物流系统充分的信息化程度。

自从日本7-Eleven一号店丰洲店开业后，铃木敏文和生产商、供货商之间的拉锯战就一直没停止过。在生产商答应正月发货，以适应便利店365天全年无休的经营模式大获成功后，铃木敏文又开始试着让供货商以小额配送方式，增加货物品种，不再像之前那样只供应一个厂家生产的同种产品。跟让生产商正月发货一样，刚开始铃木敏文又遭到了来自生产商和供货商的集体嘲笑，他们指责铃木敏文完全不懂进货，现有供货模式持续了很多年，是不能轻易更改的。除了惯性思维的作用，他们坚持不肯将同一地区同类厂家的产品混装在一起，主要出于高傲的自尊心，难以容忍自己生产或主要供应的商品跟其他家的一起配送，他们已经习惯了在把自己主营的商品送到后，陈列在货架最前面，其他家的当然只能退居二线或三线，不露脸最好。

铃木敏文了解这些生产商和供货商的心理，他们都在千方百计提高自己主营商品的销售量，只是用错了手段。这次铃木敏文并没有像请求厂家正月供货一样一次次上门沟通谈判，他想让生产商和供货商眼见为实，用销售量给他们打一针清醒剂。事实证明，铃木敏文的做法很成功，他改变了之前生产商和供货商争着抢着把自己的主营商品放到第一排的惯例，把各个品牌的产品排成一排，以利顾客自主选择。出乎人们意料，产品的销量都得到了不同程度的提高。

原先对小额配送持反对意见的生产商和供货商一改之前的顽固，继1980年各品牌牛奶实现了共同配送后，越来越多的生产商和供货商加入了小额配送的行列。至今，7-Eleven的供货体系根据商品温度划分，分出了冷冻型（-20℃）、微冷型（5℃）、暖温型（20℃）、恒温型，分属各温度段的商品都可以同批次小额配送，原先一车只有一个供货商的几种商品甚至一种商品的供货模式彻底被更具效率的物流配送方式取代。

7-Eleven的密集选址战略为集中小额配送的物流体系提供了有力支撑，这样的物流体系反过来让密集选址战略更成功，日本早稻田大学的西泽修教授在20世纪70年代就提出了物流体系是企业除生产和营销外的"第三利润源泉"，7-Eleven把这一理念贯彻得极为成功，配送方式所节省下的开支，成为企业利润的重要来源之一。

不过换个角度看，秉持"即时收发，零库存"的7-Eleven，店铺不设仓库，也没有自营的集散中心，却要求并实现了供货的及时和丰富，仓储和供货都由生产商和供货商代为操办，自身省下了仓库的租用和管理费用，还规避了前期投资成本，可谓"任性"又"霸道"，但生产商和供货商都从与7-Eleven的合作中尝到了足够的甜头。

一开始，门店不够多、销量不够大的日本7-Eleven只能勉强适应供货商的模式，以至于每天向一个门店供货的卡车多达数十辆，光卸货上货的工作就要占用不少精力和时间，而且各个供货商的卡车在送货时间的控制上参差不齐，严重影响门店经营，7-Eleven致力打造的"不让顾客空手而归"的便利形象大打折扣。

7-Eleven规模越来越大，生产商和供货商开始妥协，供货商不再同行相轻，愿与其他家供货商一道将商品置于一辆卡车上。随着供货时间增加，7-Eleven和各个供货商的业务往来越来越多，对供货商的实力和信誉心中有底后，7-Eleven又做出了个重要决定：选择有实力而且可靠的供货商，由一家供货商全权负责一定范围内门店的所有配送货工作。这个供货商中的幸运儿实际上成为7-Eleven的配送中心，直接面向门店和生产商，凡是门店需要的商品，这个供货商统一与生产商接洽，确定数量，再将商品按照各门店所要数量装车，按照一定路线沿路分发。这样的配送方法既减少了与供货商之间不必要的沟通，又有了免费的配送集散中心。

但止步于此远不能满足便利店的经营要求，7-Eleven根据温度带划分出的商品群特性决定了一部分商品不适合被强行拉入现有配送框架，比如暖温型商品要保证口感，新鲜度是极为重要的指标，与其他对保鲜要求不是太高的商品不可同日而语。现有配送方式固然给7-Eleven带来了极大便利，但所有配送环节几乎都掌握在供货商手里，7-Eleven只能对它们提一些常规要求，鸡蛋都放在一个篮子里潜藏着极大风险。

为此，7-Eleven的物流配送体系又做出了调整，之前由很少的几家供货商独大的配送方式重组升级，凡是有意向跟7-Eleven合作的供货商都参与到建立7-Eleven物流共同配送系统的计划中，大家出资成立配送中心。供货商们深知与7-Eleven合作前景光明，所以都舍得投资。

由多个供货商出资，7-Eleven参与指导和管理的配送中心落成后，7-Eleven门店供货保障的稳定性再添一星，1987年就实现了米饭一日三配的供应，其他有高度保鲜要求的熟食逐渐享受到米饭的待遇。来到7-Eleven门店的顾客，不但随时都能购买到所需商品，更能随时享受到饭店餐馆才能提供的熟食诱惑。7-Eleven也不再需要像依靠大供货商时期那样，在太过小心翼翼维护与供货商的关系上付出不必要的精力，备选项一多，为了提升顾客在门店的购买体验，对供货商就可以提高标准，甚至在合理范围内略显"苛刻"。大配送中心不再把供货范围限定在某些很小的商圈，中心城市圈附近35千米内，次中心市场圈60千米内都在配送中心的辐射范围，送货次数根据商品特性和前期较长期的供货数据定，还能根据接下来的天气状况决定哪些商品补送，哪些商品可以酌情减量。在这样的配送体系下，7-Eleven门店不用再特设仓库，整个门店既是销售区，也是储备区，一店两用。

对那些7-Eleven的竞争者，"即时收发，零库存"的模式无疑很有吸引力，但在发达的物流体系背后，有一张信息化的天罗地网，光是这张网的投入就足以让一部分竞争者望而却步。

1978年，7-Eleven丰洲店的信息系统就开始使用，从最初步的POS到EOS（电子订货系统），7-Eleven的信息系统构建没有止步。1999年6月，第五代综合信息网络系统投入使用，利用卫星通信和ISDN通信网（数字交换和传输的综合业务数字网），总部、门店、供货商、生产商、配送中心结成了真正的信息共同体。每天早上

8~10点，门店开始向配送中心发出订货数量，配送中心将所负责区域的门店订货信息进行汇总，11点半就能将第二天的供货安排白纸黑字打印出来，包括路线、店铺、品种、发货通知书，各相关部门进入"战时"状态。备货部门接到配送中心发出的数码备货要求后，储备工作马上有条不紊地展开。门店发出的订货数量等信息，在传到配送中心之前要通过卫星通信发到总部，之前的销售数据也传给7-Eleven为门店提供会计记账服务的地区事务所。也就是说，总部对门店的销售和订货数据是能即时掌握的，借此实现对店铺从销售到选定商品的建议指导。

各生产商和供货商从配送中心接收到订货信息后，货物一经整理就进入配送中心的仓库，这些都通过电子订单实现。配送中心送货时，司机都带着条形码卡片，各家门店所需商品数量在计算机上一扫描，就能从卡车上按需取货。如果某位司机总是姗姗来迟，不能在规定时间将货物送到门店，或者某条线路的司机常出现同种状况，配送中心并不会一味指责司机们，而是在对交通状况和周边线路的供货车组综合考察后，采取增加车辆或让其他线路车组分担任务的措施，优化整体，利泽局部。

时间就是金钱，效率就是生命。这句在很多年前振奋人心的口号渐行渐远，但从7-Eleven信息化的物流供应体系及其所带来的巨大效益看，仍具高效价值，只是在科技日新月异的今天，赶时间、抢效率靠的早已不是当年的人海战术，而是作为第一生产力的科技。

鲜度管理，杜绝"高龄"产品

从20世纪70年代开始售卖米饭到80年代卖天妇罗等即食油炸食品，再到90年代销售还带着烘焙香味的面包，7-Eleven在提升食品鲜度要求上从来都是急先锋，费了很多力，但也大大地讨好了消费者。相较于其他零售商，7-Eleven在对消费者投其所好和想消费者所想上表现得相当不错，这跟掌舵人铃木敏文个人的行事风格是分不开的。但从创造价值的角度看，正因为商品的鲜度把控要付出更多的精力，其他零售商在这方面的付出难以跟7-Eleven比肩，7-Eleven才能在熟食领域一枝独秀，既赢得了消费者的口碑，也得到了他们的钱袋。

铃木敏文把日本人看成是世界上最难满足的消费者，因为他们不但挑剔，还很敏感。

在一次谈话中，东京大学一位名誉教授告诉铃木敏文，日本人已经习惯了在物资丰厚的社会中生活，比起像过去一样拼命工作，他们现有价值观更倾向于以自我为中心的生活，逐渐丧失了为适应严酷的社会条件而不断改变自身步调的能力。铃木敏文很早就对日本的这一"国民性"充满了疑惑：日本显然已经是个富裕国家，但对各种差别却尤其敏感。教授的这番话解答了铃木敏文心中的疑惑：正因为生活富足，任何细小的差别和变化都会给日本人带来冲击。

在零售业领域，各家商品和服务上的细微差别，都会在日本消费者的挑剔下无限放大，而日本人的消费习惯导致了他们对商品的新鲜度极为苛求，这也迫使铃木敏文以更苛刻的态度在鲜度上保证满足甚至超出他们的要求。

日本人没有囤货的习惯，总是在需要的时候才到商店或超市购物，随着少子化和老龄化加剧，这一习惯将只增不减。在日本消费者看来，家里的冰箱虽然也能保住商品的一部分鲜度，但在商店和超市现买的商品会更新鲜，比冰箱里的更好，商店和超市有责任在这一点上让消费者放心。

在这些共同因素下，想在竞争激烈甚至残酷的零售领域发展，7-Eleven在担任"身边的好邻居"的同时，还打出了"家里另一台冰箱"的旗号。

天妇罗是日式料理中油炸食品的统称，食材多样，鱼、虾、蔬菜均可充任，但在炸的时候，外面都会裹上一层由面粉、鸡蛋、水混合而成的浆汁。天妇罗外皮焦黄酥脆，内里因材质不同而各有其味，是非常受欢迎的食品。但其本身特性也决定了天妇罗不能保存太久，时间一长，从口感到色泽都难以给人愉悦的体验。

1982年，伊藤洋华堂决定对旗下所有菜类和油炸食品来一次"整风运动"，对短时间内品质就会降低的商品进行坚决彻底的时间考评，保证这些商品在售卖的时候都处在鲜度最佳的状态。而在此之前，零售业的惯例都是在开门前把当天要卖的所有商品全数上架，7-Eleven门店也不例外，所以天妇罗等熟食一旦进店就要卖一整天，顾客能否买到口感最佳的新鲜货全看来得早不早，而不是看门店备货时会不会设身处地为顾客想一想。尽管惯例沿袭多年，但伊藤洋华堂要求天妇罗的销售时间只能是炸好后的两个小时，日本所有7-Eleven门店必须马上坚决执行。牛奶也是对鲜度要求比较高的商品，虽然技术已经可以让牛奶在更长一段时间内保质不坏，但站在消费者的角度，肯定不希望买到距生产日期太远的，每多隔一天，消费者的感觉都会自动把一天看成一个星期甚至几个月。7-Eleven也是零售业中最早注意到牛奶保鲜期限的企业，所以即便商品上标示的保质期为几个月，7-Eleven也会在保质期到来之前很长时间就把商品下架，不让消费者买到"高龄"产品。

零售业从业人员在面对销售低迷的情况时，不少人都会抱怨竞争太过激烈，但铃木敏文的7-Eleven团队所取得的业绩说明，零售业竞争固然激烈，不过总是吃不到肉的话，就是因为你不行。

现代技术的应用让生产商可以生产出保质期数月甚至一两年的即食型食品，这样的商品给人们的生活提供了方便，也曾让商店和超市等卖方欣喜若狂：只要把商品摆上货架，在很长时间内等着顾客上门消费就行。原先放不了几天的蛋糕等商品，由于有乳脂成分，十分容易变味，要延长保质期，势必减少乳脂含量。但这样一来，蛋糕的口味就乏善可陈，原本为体现鲜香可口，满足味蕾而存在的诱惑成了差强人意、只有充饥饱肚功用的东西。一般的零售商会以惯例为借口因袭旧俗，明知这样对各方都是次佳选项，却得过且过。

7-Eleven解决这个问题的思路——以需定产很值得借鉴。在一些大节日到来之前，7-Eleven都会发出通告，让有蛋糕购买需要的顾客到门店登记，预购自己所需的数量。与7-Eleven合作的生产商会在当天把刚出炉的蛋糕送到门店，登记过的顾客只管取货就行。这一改变给生产商提供了订单，为7-Eleven赢得了口碑，让消费者吃上了新鲜美味的蛋糕，成为7-Eleven在商品和服务上创新的经典案例之一。

7-Eleven还会主动"变身"，从卖方变成买方，再以买方的感受对店内商品如大米等进行改良。

新潟所产的越光米在日本消费者中一直很有市场，既无农药残留，煮之前更无须清洗。一样是卖越光米，但顾客对各家门店的评价总是千差万别，单纯从米的口感就可以把这些门店分成两大类：正常的和莫名其妙变味的。

米的存储既要防潮，也要防晒，特别是到夏季，高温会给米的正常口感带来冲击。正是因为不注意这些细节，一些商店卖出的越光米跟通常的口感差别很大。太阳直射过的大米不但不会充满阳光的味道，反而会增加大米入口后的粗糙感，这也就难怪消费者会因买到变味的越光米而大为光火，不上门给门店难堪就已经太客气了。

注意到这个问题后，7-Eleven针对该问题在投入使用的自动售米机中加入冷藏功能，以此确保米的口感不会因为温度异常而受到影响。有需要的顾客每次只需买自己要的量，7-Eleven门店真正实现了"家里另一台冰箱"的功能。

7-Eleven追求极致鲜度无所不至，继牛奶、大米、天妇罗之后，桃子也成了与其他零售连锁店区分的一个标志物。

为了将最好的桃子卖给消费者，7-Eleven对桃子的存储进行了一场大探索。在一大批桃子做了"小白鼠"后，7-Eleven摸索出了桃子的最佳口感时间以及化平常为卓越的方式：在吃之前放入冰箱两三个小时，甜脆爽口，味道绝佳。为此，7-Eleven一度"逢人说项"，不但保证门店所售桃子都要经过冰镇程序，还把这一新大陆一样的发现推荐给消费者。7-Eleven用心良苦，效果也很好。

竞争者们当然很快就把这些学到手，可不反思7-Eleven总是走在前面的原因，就永远只能跟在后面捡漏。这一原因说出来也简单，就是用心做好服务，只是未必有那么多人能像铃木敏文一样细腻，甚至可以用肌肤的感受把最好的体验与商品一起放到消费者的手里。

在铃木敏文心中，便利店是一种需要用肌肤去经营的行业，消费者并不会被单纯的阴、雨、晴等天气所左右，同样是20℃，早春让人热，夏秋却给人凉快的感觉，更不用说还有湿度的变化了。消费者在购物时对鲜度的要求也会随着各种天气状况而有具体的变化，天热的话无形中会强化消费者对鲜度的渴望，而气温降低的时候对商品鲜度的期望也会有所宽松。这并不是说在气温降低的情况下可以放松对商品鲜度的把控，反而要求卖方在降温的时候倾注更多精力在鲜度的保障上。

无独有偶，美国芝加哥的一家面包店，就因为对鲜度的极致追求而名声在外。这家名叫维尼的面包店，出售一种特制的三明治，除了夹馅好，上面还涂了一种自制的祖传神秘罗勒酱，这种健康且无比美味的酱料让维尼深受顾客的青睐，铁杆粉丝众多。但维尼每天出售的三明治数量大致相同，一般在中午12点前就会全部卖光，之后面包店就打烊关门，不再继续营业，不管外面还有多少正在排队购买的顾客。

很多人都对维尼的经营方式感到奇怪：为什么不继续制作三明治，满足更多顾客呢？这样店铺既不会闲置，还最大限度开发了员工的"使用价值"，营业额自然跟着提高。

对此，老板乔治·戴库森这样回答："我们当然可以再进一批面包来制作三明治，但是面包没有早上的新鲜，用它们便做不出顶级口味的食品，如果不能出售让我们满意的食品，赚再多的钱又有什么意思呢？"在这里，鲜度已经上升到了关于尊严和人生价值感的高度。

某一理念融进企业的基因，总能得到不断的展现，鲜度管理已经成为7-Eleven发展的筹码之一，理所当然也会成为这家大型跨国零售连锁企业开疆拓土的利剑。

2004年，7-Eleven进驻北京。由于已经了解到当地人喜欢吃热乎乎的现烹食物的习惯，而当时别的便利店没能满足消费者的需求，7-Eleven当仁不让地开发了这类业务。但便利店很难取得店内明火使用许可，多次申请碰壁让7-Eleven决定换种方式，怎么样都要为当地消费者提供刚出炉的新鲜熟食。办法终于找到，7-Eleven专用工厂的中央厨房统一将切好配好的食材和调味品配送到便利店，便利店在店铺内的小厨房加热操作即可。北京的7-Eleven门店一下子推出了有10多种配菜的现烹熟食，米饭和汤的搭配也成为北京便利店的首创。靠着之前的口碑，特别是熟食的供应，7-Eleven成功在北京抢滩登陆。

香港的7-Eleven门店在对鲜度的执着上只强不弱，盒饭从生产到报废就是24小时，真正待在货架上跟消费者照面的时间不过9个小时。香港7-Eleven不但要抽检这些盒饭，既确保标签上的卡路里和真实数值一致，又要保证物流环节中的保鲜一刻也没有放松要求。每个盒饭上都有独立公证行的品质检定，消费者买的是一份食品，收到的是来自7-Eleven和公证行的两份放心。

以盒饭为例，日本7-Eleven的工厂每天向门店送货3次，时间严格遵守与各门店定下的协议，不能早到，更不能晚到，凡是在约定时间2个小时后才送到的盒饭，门店有权退还卖剩下的。在一些县市，工厂专门为7-Eleven开辟盒饭生产线，就算是不生产的时候也不能生产别的产品，确保7-Eleven有需要的时候能马上开工，把符合要求的盒饭送给7-Eleven，也杜绝了盒饭里混进其他物质的可能。

遍地开花的7-Eleven无论身在何地，鲜度管理都是一条雷打不动的军规，这条军规也在买方总想尝尝鲜的心理作用下，一直推动7-Eleven跑在众多零售业竞争者的前面。

把小事当成伟大的事来做

在竞争者眼里，一向较真的7-Eleven总是隔三岔五就会来点新动作，刚开始让人啼笑皆非，细细一想又觉得这样的同行真是让人又爱又恨，又敬又怕。这些新动作可能看起来无足轻重，而背后都隐藏着抢占市场的锋芒。

1997年，7-Eleven再次发扬不怕折腾的精神，所有用于清洁的抹布都改用产自美国、由棉和化纤混纺而成的新产品。相比之前100%纯棉的抹布，这个"杂交品种"纤维细密，难撕难扯，吸水适中，极易晾干，实在是擦柜、拭货架、抹窗户的必备良品，而且这种抹布在洗衣机里滚上多少次都不会缩水，若换作纯棉抹布的话，早就缩成一团了。

更换抹布的举动在7-Eleven看来再正常不过，欲善其事先利其器，抹布不顺手，店铺的清洁怎么能提高效率。

从7-Eleven入驻日本后，门店务必保持整洁舒适一直是铃木敏文三令五申的原则，久而久之，不但成为店规，也成了进入7-Eleven工作的所有人必须内化在心、外化于形的准则。7-Eleven才引进日本不久，门店内的清洁程度已经让不少有洁癖的日本人都觉得意外，凡是门店能辐射的范围内，其他商店在别的方面未必学得很好，但对店铺的清洁程度都前所未有地重视，纷纷以7-Eleven门店为标杆"洗心革面"。

为什么要严抓清洁度，铃木敏文打了一个比方：坚持运动才能保证健康，三天打鱼两天晒网地运动不会真正对健康有益。等身体出了状况再锻炼，基本上等于天黑了再晒日光浴。要想健康常在，运动就要持之以恒，每天都投入一定时间，以量变引发质变。店铺的清洁跟健康如出一辙，没有时时勤拂拭，必然到处惹尘埃，等看不下去了才动手就晚了。对店铺的清洁维护并不能立竿见影，营业额不见得应声而起，但如果对待清洁工作得过且过，营业额受到影响是不可避免的。

铃木敏文眼中的零售业，本就没必要跟其他行业或者同在本行业的一些大卖场在气派上争一时长短，而应该放低身段做好服务，踏踏实实做好每一件小事。搞好清洁，就等于在向着大事业迈步。

虽然自命为"身边的好邻居"，但7-Eleven从不以熟相轻，坚决不能容忍自己以不修边幅的邋遢样出现在顾客面前。每天，各门店不但要将地板、柜台、招牌、垃圾桶等最容易出现在邻居们眼中的目标清洁数遍，电灯、电话以及各种设施设备都要接受几次"洗礼"，厕所、临时储物间等场所更要接受彻底的大清洗。内容多了点、频次高了点，只要愿意，其他竞争者短时间内也可以做得很好，是否坚持得下来另说。真正让众多竞争者感到心有余力不足的是，7-Eleven不但规定清洁什么，清洁到什么程度，连工具、顺序都自成一体。出于对清洁工作是否需要做到如此"变态"的怀疑，以及卖方固有的傲慢，大多数竞争者并不会将7-Eleven的全套清洁流程打包带走，只带走了一些皮毛。7-Eleven却一直严格遵守这些规定。

比如地板的清洁，上午11点左右用拖把先拖一遍，湿抹布紧随其后，擦洗地板。在此之前，凌晨2点、早晨6点，门店已经用拖把拖过两次。下午会出现数个顾客进门的小高峰，清洁工作就要更勤快些，下午2点半、下午5点、晚上9点、晚上11点，都需要擦洗地板。这样一算，每天门店需要拖7次地，根据当天具体情况，用湿抹布擦地的次数不少于4次，下午2点半和凌晨2点的清洁还要用上清洗上光剂。

对整洁舒适的追求，与其说是因为偏好干净的环境，不如说是对糟糕环境的恐惧。

铃木敏文曾到过一家经营业绩惨不忍睹的家庭餐厅，抱着一探究竟的想法，他准备从多方面找原因，给这家餐厅开出药方。不过才踏进门，一个情景就让铃木敏文了然，他根本不需要费心费力找业绩差的背后原因，这家餐厅业绩差的原因都写在了餐桌上：前面的食客吃完后，即便后面就有顾客等着落座，杯盘狼藉的餐桌也没人收拾。店里还有空桌，但服务员宁愿无所事事地站着，也不主动给顾客带路，当然更不用说去收拾餐桌了。餐厅里从领班到服务员，都只是心安理得地照管着自己所在区域的事，完全已经习惯了各扫门前雪，自然也对餐桌上的杂乱见怪不怪。

7-Eleven门店会不会出现像这家餐厅一样劣质的购物环境？铃木敏文经过十分认真的思考后，得出的答案是会，也不会。

说会是因为祸患常积于忽微，不用说门店对地板等清洁保持不易，一旦有其他细节处理不及时，放任情况恶化，7-Eleven很快就会尝到被消费者抛弃的恶果。当货架上落满灰尘，门店墙壁污渍斑斑，促销广告宣传贴画"人老珠黄"，空调通风口满是污垢，便利店的生命力也就到此结束。如果还能苟延残喘上一段时间，要么是因为地理位置绝佳，要么就是因为周边的人们实在没得选，但时间一久，人们上门购物的意愿越来越淡，只要出现另外的店铺，购物体验稍好一点，以邋遢形象示人的便利店就可以正式寿终正寝了。

也有的便利店经营者会从最大程度减少开支、削成本增利润的角度出发，只保留很少的人手，减少人事开支。刚开始，这样的策略是很奏效的，利润的增加也会相对显著，可持续几个月后，短暂的乐观就开始变味了。

只留下经营者自认为是关键岗位的人手，直接后果就是这些人手真的在向岗位专业化的路上又迈进了一步，可惜门店总体的服务水平跟着就退了一大步。仅有的这些人手照顾本职工作都手忙脚乱，让他们再维护门店的清洁工作就是勉为其难，形式上似乎做得还好，实质常常是徒有其表。再者，需要照顾的工作面一大，仅有的人手用在顾客身上的精力就被稀释，顾客恐怕再难享受到高质量的个体服务。顾客的心一冷，门店的营业额也就跟着回落，这时候再用减少人数降低开支的思路，门店就进入了神奇的"平衡假象"。这一假象是专为企业在需求变小的情况下，通过非理性地削减成本实现供需平衡而挖的坑。总是有企业前仆后继地往坑里跳，就因为头疼医头脚疼医脚，忽视了更深层的联系，跳过了更该解决的问题。

保证门店清洁舒适，需要持续动用人力、物力，这些努力并不能直接反映在营业额的增长上，属于沉没成本。对一般的廉价商店，门店的清洁舒适本不在消费者预期内，能做到当然好，但就算做不到也无碍，消费者通常不计较。主打便利特色的便利店，价格上略高是消费者能理解的，但对价格的宽容是因为其他方面的体验也要跟上，为了避免眼下的一些开支，打裁员的算盘，无异于搬石头砸自己的脚。

要避免自毁形象的举动，让消费者对7-Eleven一直保有整洁舒适的印象，清洁的重要性就要天天讲、月月讲，清洁工作就要天天抓、月月抓。无论何时何地，得体的形象都是打入当地零售市场永远不能丢的敲门砖。

真心、亲切是最奏效的广告

春江水暖鸭先知，这并非鸭子有什么过人禀赋，而是因为它们在水中。零售业就是商业领域的"鸭子"，与消费者直接打交道，提供的都是消费者衣食住行等方面的生活必需品。消费者的购物习惯所反映出来的消费心态，在零售业领域能得到直接的验证，新时代的消费者需要什么商品和服务，零售业总是先行试水，促进买卖双方更深层次、更快速地达成共识。

1991年，"第一次全球服务会议"由欧洲管理协会在伦敦主办。当时，世界各地的经济水平都在绝对值上有了稳步提升，亚洲的发展尤其抢眼，"四小龙"异军突起，日本自签订《广场协议》后形成的经济泡沫开始破灭，虽然导致后续长期的萧条，但雄厚的工商业底子保证了其经济发展不会出现崩溃性衰败。自20世纪80年代中期开始，日本取代美国成为世界上最大的债权国后，日本制造就一直以强劲的势头走向世界，资本经历野蛮扩张后，美国甚至出现了"日本将和平占领美国"的论调。在这次会议上，不少与会者除了对日本以质量精良的产品称雄世界表示好奇外，更多的是对这样的产品加上高质量服务会形成的效果表示期待和担忧。

这样的期待和担忧其实可以用"微笑"来解释，不过并非一种表情，而是一条开口更大、弧度更缓的U形曲线。

1992年，中国台湾宏碁集团创办人施振荣先生为给集团指明新的发展方向，提出了后来蜚声市场的"微笑曲线"理论。这一理论屡经修正，逐渐成为施氏"产业微笑曲线"，但精髓一直没变的就是关注产业链价值。在"U"扁平化形成的弧度上，处在两端的分别是以大量知识产权做支撑的研发和以品牌、服务为主要内容的营销环节，弧度最低点是以劳动密集型生产方式为主或主要依靠流水线作业生产的加工制造。处在两边高点的环节获利最大，中间的凹点利润率最低。

微笑曲线以一张笑脸向市场发出了残酷的信号：企业要想生存发展，就必须在研发和销售服务环节发力，依靠没有知识产权保护和情感交流做辅助的加工制造，永远不可能在竞争中立足，只会在附加价值最低的环节打转。零售业是特别依赖服务水平的行业，在服务上都不能给消费者可信赖的感觉的话，在其他方面也好不到哪儿去。在成为国际会议的热点之前，日本国内在1989年就掀起了一次有关提高服务品质让顾客更满意的大讨论，但从当时的情形看，对消费者服务最上心的还是零售业，零售业中又以7-Eleven为代表，亲切服务理念贯彻得最彻底，细则也最具可操作性。

铃木敏文认为，现代市场的理论依据已经从经济学转到了心理学，这样的认识来自商业奇才的洞见，但最有力的证据来自他年轻时的切身经历。

刚参加工作的时候，铃木敏文常常主动对别人表示新人的友好，遇到同事或领导都热情打招呼，对方不同的回应方式可以给他带来一整天的轻松喜悦，也可以带来沉重的疑惑。当对方也亲切回应，铃木敏文内心无疑是高兴的，而对方因为种种原因无动于衷时，就算本非有意，还是会让铃木敏文的内心充满了别扭。

经营7-Eleven后，铃木敏文觉得人同此心，心同此理，就把打招呼获得不同心情的经历用在了门店管理上。

对已经成为老生常谈的微笑服务，铃木敏文从没到狂热的地步，他对微笑服务的鼓励，只限于微笑发自内心、能得体地表达亲切即可。一些同样从事服务行业的同行，把微笑服务的价值消费得所剩无几，该笑的时候麻木地笑笑，拼凑出笑的表情，非但不会给消费者留下好印象，反而会让消费者心里产生怪异的感觉。更糟糕的是，只是一味地笑，在待人接物方面体现不出贴心亲切的话，消费者对这样的卖方的反感会更加严重。

再好的服务，如果落实不到行动中，或者执行得七零八落，那也无济于事。为此，7-Eleven专门制作了《友好服务自我检查表》，把抽象的"亲切"分解为可以具体操作的细则，让门店第一线的经营者和员工有章可循。

这份检查表包括了从顾客进门到出门这段时间可能出现的多种情境，以及每种情境下店员应该如何应对，所用的服务语不见得多与众不同，主要是店员在表达时传递出来的发自内心的亲切给了顾客与众不同的感受。

这份自查表名义上带有规定的性质，但因为7-Eleven店员对顾客的亲切已成为习惯，老店员们都执行得比较自然，而新员工在环境的熏陶下也很快驾轻就熟。

"欢迎光临"是最基本的用语，但不是靠近店门的店员才说。凡是看见顾客进门的店员，无论与店门隔多远，不管当时正在干什么，包括上货、打扫或者摆放货物，都要很自然地大喊："欢迎光临！"顾客出门的时候，他们是否买了东西都不能影响服务的亲切度，距离的远近和正忙着手中的活计都不能成为视而不见的理由。

没能在顾客进门时打招呼的店员，还有弥补的机会。比如从临时存货间走到销售区域时，要跟较近距离的顾客说"欢迎您"；如果与顾客相遇，在经过的同时也要说"欢迎您"；如果是正在清洁店面，有任何可能会妨碍到顾客的情况，都要诚恳地跟顾客说"对不起"并给顾客以优先权，停下手里的工作。

在上货或搬运货物，造成货架间通道狭窄时，给顾客让路是必需的，并要以抱歉的语气带着笑容说"请"。顾客需要正在上架的商品时，一定要第一时间满足需求，将指定商品递到顾客手里。"欢迎光临"和"非常感谢"作为开场白和结束语，几乎随时可闻，每个店员在听到同事喊出来的时候都要加入。

这只是对店员个人的自查表，每个门店同样有自己的自查表，还要根据自身情况对总部的指导意见中没能具体涉及的方面加入符合自身提升亲切感的细节，接受总部定时和不定时的检查。

在自查表外，7-Eleven还另外制定了结账时的流程和规范，也对礼貌用语做了规定。

顾客来到收银台，首先就由正在收银台工作的店员以"欢迎您"开始，说明商品的名称和价格时同步结账，得到顾客的确认后再将钱放到收款机。

出现顾客等候结账的情况，收银台人员要以诚恳的口气说"让您久等了"。结账人一多，顾客排起队，如果是因为收银人手不足，应请求同事帮助，喊"请给顾客结账"；如果同事太忙，自己的收银台仍能接纳顾客，就应温馨提示顾客"请到这边结账"。

结账也并不是货款两清就了事了，收银也要看顾客买的是什么。一般商品就按照这些流程走，对盒饭和另外一些熟食，还要主动询问是否需要加热，对方是老人和小孩的话，在递给他们加热过的商品时要叮嘱"一切小心"。

服务态度要让顾客感到舒适而自然，但并没有明确的量化指标，而服务用语是可以在合理范围内进行丰富和增减的。上述服务用语应对大多数情况足够了，对老顾客这一群体，总是翻来覆去这几句的话，难免让人觉得7-Eleven的服务僵硬乏味，像个复读机。为此，7-Eleven另有一套用语，专门跟老顾客强化交流。

老顾客能享受到的不但有"欢迎您""非常感谢""是，知道了""请稍等一会儿""非常抱歉"这5句标准寒暄用语，还有另外6句，虽然简单，但有了更多的变化："早上好""中午好""晚上好""请慢走""您辛苦了""请多休息"。

此外，"真热呀""春天来了""樱花马上要开了""真是冷呀"等和天气有关的用语，也是7-Eleven门店提倡的，而店员们也乐于用比较新鲜的语句，在重复单调的工作中体现创新。

买卖双方的联系一旦从单纯的交易扩展到情感的积极交流，一系列困扰自然就跟着化解了，而催化剂就是一个个亲切的举动，一句句暖人的服务用语，再没有比这更好的营销，也没有比这更有力量的广告了。希尔顿酒店的创始人康拉德·希尔顿正是在这种"简单、容易、不花本钱、行之久"的服务理念指导下，让希尔顿酒店从德克萨斯州一个小镇上的土坯房起势，成为如今全球酒店业的翘楚。他倡导的"万万不可把我们心里的愁云摆在脸上，无论酒店本身遭受多么严重的困难，希尔顿酒店服务员脸上的微笑永远是属于旅客的阳光"精神，也成为消费者心中希尔顿酒店的金字招牌，就算要出更高的价格，他们依然是希尔顿酒店的拥趸。

从事服务业的企业通常并不具有生产的功能，也就从先天条件决定了它们不可能依靠制造业企业一样的专利或产品生存，同时，也具有非常强的替代性。服务业要提供亲切舒适的服务体验也早已成为共识，而服务行为细节和服务用语也不是不传之秘，只要有用，很快就能在业内风行。在这些前提下，把优秀的服务业从业者和庸常的跟风者区别开的首先是服务态度，背后其实是服务的用心程度。

第四章　最大竞争对手：万变的需求

为顾客着想未必对

1987年10月，7-Eleven与东京电力合作，门店提供了代收电费的服务。才过半年，煤气费的代收服务也推向市场。代收费服务一经启动，7-Eleven"身边的好邻居"形象马上爆棚。人们也进一步认识到，便利店经营并非只有卖实物商品一条路。

顾客是上帝，但这位上帝的心思飘忽不定，要想知道上帝的想法，最可靠的办法在于学会站在上帝的立场上，而不是一厢情愿从卖方的角度出发替顾客着想。

铃木敏文的团队也不总是能料事如神。在20世纪80年代几乎所有卖方都在讨论到底怎样做才算是为顾客着想的时候，伊藤洋华堂在很长一段时间也跟着走了段弯路，一些经营措施在调整思路，"拨乱反正"后成为铃木敏文经营管理中常提及的反面教材。

有一年年终，门店将年夜饭的重要食材黑豆装袋出售，每袋的重量都在之前基础上加了不少，价格却保持不变。店员们都希望这种加量不加价的促销法能给营业额带来显著增长，可结果给了这种自以为是的想法当头一棒，黑豆的销量跟平时比并没有多大变化。这样的结局出乎很多人预料，大家开始反思是哪里出了问题，不久终于找到症结所在。原来，在顾客眼中，商家加量不加价的做法只是一种硬性要求，自己并不需要一次就买那么多的量，门店的做法只是让顾客不得不买更多的商品。门店马上改变做法，将按袋销售的黑豆改为按斤称重，结果顾客都很买账，黑豆销量马上比平时上涨了好几倍。

显然，这又是一个根据自己脚的大小给顾客做鞋子的经典案例。

名义上是为顾客着想，可这并不是顾客真正需要的。当今已不是物资匮乏的年代，没了囤货的需要，更何况日本消费者大多不喜欢在家里放很多食材，都是随用随买，保证最大新鲜度。伊藤洋华堂旗下门店的做法，显然是从卖方时代的固有经验出发，非常卖力地"为顾客着想"，实则根本不愿意跳出早已落伍的卖方思维，只想停留在过去的成功经验上。

与此相反，1993年，7-Eleven开始售卖原创面包类产品——现烤直送面包时，所体现的经营理念已经脱胎换骨，实现了从为顾客着想到站在顾客的立场想问题的转变。

一直以来，面包类产品都是由生产厂家统一制作，利用分布在不同地区的工厂大批量生产，保证无论是送到城市或乡镇的面包都具有一样的规格，让消费者买到同样味道和品质的商品，保质期和安全性是主要考虑的指标，鲜度和口味只在兼顾之列。但对消费者来说，食品安全自然是必需的，而鲜度和口感一样不能马虎。

7-Eleven决定改变现有的交易模式，为消费者提供安全性、鲜度、口味都有可靠保证的新产品，但当时日本国内大型面包生产商提出了反对意见，理由无非是行业无此惯例，不能为7-Eleven开此先河。这样的理由在今天看来是苍白而好笑的，可当年就是那么根深蒂固。

铃木敏文决意绕过这些大生产商，以选加盟店长偏爱中小型创业者的思维，找到了一些小型面包生产商，提出在7-Eleven门店集中区域设立能保证现烤面包鲜度和口感的生产线,再由7-Eleven门店进行售卖的建议。这些小型生产商自然很乐意,7-Eleven有了新鲜面包的可靠来源。面包上市后,消费者反响不错,这些小型生产商只是在规模上比不上大型生产商,在面包技术已经不是一家之秘的背景下,产品品质却相差不大。7-Eleven也由此有了自己的PB(Private Brand)系列,在NB(National Brand)一家独大的局面下份额逐渐增加。这些面包产品的品质一直在改善,也一直是7-Eleven营业额的重要来源。

两个例子所反映的经营理念看起来很像,其实一个是李逵,一个是李鬼,带来的直接后果也截然不同,可见站在顾客的立场比为顾客着想具有更大的能量。

站在顾客的立场产生的效果明显,但经营者可能会走入的误区也是随处可见的,经营者还会觉得自己已经站在顾客的立场上了。

商品的销售数量极容易给经营者错误的印象,经营者会以销售数量为根据决定商品的进货量,并放心地等着商品上架后的热卖,而这实际上又是顽固的卖方思维在作祟。

以一定销售期限为限,假如甲商品卖出了60份,乙商品卖出了40份,丙商品卖出35份,单从销量看,接下来经营者对3种商品的进货量依然是甲乙丙,可真相并不如此。实际上很可能有这样的情况,甲的进货量为90,乙为70,丙为40。甲是热销产品吗?看起来是,其实根本不是。一样的时间,丙的售出率为87.5%,而甲乙分别为66.7%、57.1%,再多进甲乙商品的话,那只能说明经营者依然被为顾客着想的老思维荼毒。如果站在顾客的立场上看问题,情况就彻底发生了变化。甲乙的售出量固然高于丙,但售出率都比丙低得多,而售出率是最能说明问题的了,正因为消费者都需要丙,所以丙才在同时间内基本售罄。再进货时,经营者就应该充分站在顾客立场上,真正为顾客着想,向丙多倾斜一点。

另一个误区来自经营者对消费者言语可信度的盲目乐观。伊藤洋华堂曾让店员主动跟顾客攀谈,就商品和服务请消费者提意见。单从形式感的角度,这样的举措把商品和服务的改善按钮交到顾客手里,顾客尽管说就好了。可问题是,消费者真会"知无不言,言无不尽"吗?顾客就算有所不满,或只是觉得门店确有可以改进的地方,在不确定自己说的话能否奏效的疑惑中,也是很难有话直说的。能当面指出门店不足的人,不是特别正直,就是非常有勇气,万里挑一。也就是说,店员基本不能从顾客的直接言语中得到最有价值的信息,自然谈不上从这些话里找到顾客真正的立场所在,以及他们所希望得到的产品和服务。

还有一个误区要特别引起经营者关注,因为导致误区的来源看起来非常科学,就是通常所称的社会调查,特别是社会调查一形成数据,唯数据论的经营者就又要从这些数据出发"为顾客着想"了。铃木敏文对调查数据持有十分谨慎甚至怀疑的态度,可以用一句话概括:社会调查一半以上是垃圾。

大阪商业大学校长、社会调查方面的专家谷冈一郎在其专著《"社会调查"的欺骗性》中专门对社会调查的准确性进行过探讨。作为行家,他深知做社会调查的很多人并没能掌握科学的调查研究方法,一系列设计残缺又带有非常大诱惑性的问题让被调查人的回答言不由衷,得到的信息既不全面,也不准确,无数的研究结论又在这些数据上展开,充满谬误的数据和带有臆想的判断就这样成为最终的调查结果。认识到这一点,零售业的经营者面对数据就不得不慎之又慎。

想避免进入这些误区,首先,要坚定地从顾客的立场出发。当顾客的立场和卖方立场发生冲突时,就有必要发挥"顾客是对的"这种思维，消费者其实是愿意为高品质商品和超出预期的服务出更高价格的。

其次，对消费者进行全盘摸底也是站上顾客立场的必备功课。一般情况下，便利店的主力消费者是年轻人和家庭主妇、旅途有应急需要的人，因为作息时间和生活节奏的关系，便利店是他们购物时的首选。但7-Eleven对这些人的划分不止于此，而是根据年龄和消费特点，做了更细致的划分：

15～25岁的男性具有较明显的美式风格，生活追求轻松便利，对不具有生产性的日常生活活动，非常希望快节奏完成；

25～35岁的男性可以归为传统型，行事稳当，钟情的商品和服务偏重功能和质感；

15～25岁的女性为时髦型，对充满创意和新奇功能的产品更偏爱；

25～35岁的女性具有很强的日式风格，对实用和安全性最为敏感。

有了这样的划分，7-Eleven在选进商品和思考服务方式上就有的放矢，也常能取得预想的效果。

站在顾客的立场有多种出发点，天气、季节、地域、习俗都要纳入考虑的范畴。

第二次世界大战后，日航公司国际线首个航班从羽田机场起飞，第一次在航班上由空姐用手将热毛巾递给乘客。这在世界上也是第一次，填补了航空领域在这一服务上的空白。

这样的服务当然得到顾客的热烈欢迎，可只是换了个地方和方式，情况就变了。

以新加坡航空公司为首的其他航空公司，也开始提供热毛巾，可这些公司是空姐将展开的毛巾用夹子夹住一角递给乘客。后者这种方法遭到日本乘客极大的抵制，因为这让他们想起拾荒者捡垃圾的情景，空姐似乎在递给自己脏东西，而另外不少国家的人则认为空姐用手摸过的东西不干净。出于卫生方面的考虑，日航在1989年改变了持续多年的递毛巾方法，转而将热毛巾卷放在竹子做的浅笼屉上请乘客自己拿。可戏剧性的一幕又出现了，方式改变之初，日航接到不少电话，都是投诉服务质量的，而直接原因都是因为空姐不再用手递毛巾。

在有无热毛巾服务方面，任何人都可以客观判断出服务质量的好坏，但涉及毛巾的递法问题时，就更需要站在顾客的立场，为具体的顾客提供得体合宜的服务。这绝不是为顾客着想的思维能解决的问题，而要站在顾客的立场，提供顾客真正所需要的。

朝令夕改：忘掉自己是个专业人士

铃木敏文是个喜欢"朝令夕改"的人，因而他麾下的7-Eleven也成了"反复无常"的店。这样的基因一开始就从铃木敏文身上植入到了7-Eleven，到了1984年，这个基因像个小恶魔，变得更加"肆无忌惮"——7-Eleven在夏天开卖"好炖"（也称"关东煮"）。

7-Eleven门店的"好炖"卖得不错，等着看7-Eleven和铃木敏文笑话的不少人自己反倒成了笑话。直到这时，业界和媒体才进行反思，并对7-Eleven的经营风格再次加以肯定。

看起来太过反常，却能获得成功，只能说明在这之前，无数次机会已经白白溜掉。在"好炖"这件事上，消费者也不是故意要力挺7-Eleven，因为他们也是被逼的——季节所逼。当大家对季节的固有印象——"冬天一定冷，夏天就是热的"习以为常时，季节却早就开始了"变脸"行动，冬天气温一样会升高，夏天也会飕飕吹冷风。

铃木敏文正是主动从旧有模式和老办法中脱身，跟着季节"反复无常"，才丢掉了夏天不卖"好炖"的老规矩。东京的4月是铃木敏文眼中一年里最为善变的月份，虽然正值春季，可气温变化显著，忽冷忽热。以提供生活日常用品为己任的便利店，如果对这样的变化应对滞后，售卖的商品难保不会让消费者失望。迄今仍有不少便利店，无论是连锁品牌还是个体经营的小商店，进入4月后，货架上陈列的商品依然是冬春型的。这些商店总要等天气已经很热了，才慢吞吞地改变商品结构，比如购进清凉饮料，开始为冰棒雪糕打小广告。实际上，这已经太迟了。

7-Eleven售卖的商品，总要比将要到来的季节快一拍，不会在进入4月份才开始提供春夏型商品，夏季攻坚战早在春季刚来临时就打响了。每年，一到3月10日前后开始的春季长假，夏季的商品就已准备好，先是与冬春型商品平分秋色，慢慢地就完全占据冬春型商品的生存空间，直到最后取而代之。这时候，另一阶段的"淘汰"又开始，夏秋型商品上货。

这样的先手既能应对特定季节出现的反常天气，也让7-Eleven两头兼顾，不会"吊死"在一个季节上。就算有些情况下7-Eleven的表现跟季节好像太过脱节，只要门店体现的风格稍向下一个季节靠拢，也能得到消费者无形的默许。

比如，在4月的某天，顾客进入7-Eleven门店，虽然这天的气温还不算高，只比冬季暖和一点点，但门店在陈列上增加暖色商品的面积，并以一些小挂件凸显春天主题的话，顾客同样能体会到换季的新鲜感，对门店提供的商品也就觉得非常自然。

另一个产品系列——服装，一直以具有鲜明的季节感著称。但步入买方市场的今天，商家一定要等进入夏季才购进清凉装，到了冬季才摆出大衣、羽绒服的话，这未免有些太迟了。卖方要是到了春季还对冬装寄予厚望，到了秋季还抓着夏装不放的话，就更不可理喻了。事实上，服装类产品的换季时间越来越提前，在夏装大卖特卖的时候，类似伊藤洋华堂这样能积极应对变化的商家已经会着手准备秋装，7月就摆出适合秋季穿的衣物，发动新一波的售卖攻势。对换季商品，比如冬装，以前总要等冬季结束，春季到了，才开始大甩卖，可现在完全不一样了。冬装大甩卖先是从2月下旬开始，接着前移到2月中旬，再到1月下旬，甚至有商家新年一过就开始了，动作更快的，年终岁末时已经有甩卖。这些积极而快速的商家，那么急着抛弃过去，无非是为了更早地拥抱未来，提前触摸变化的季节，为消费者奉上早已准备好的"菜"。

无论是对7-Eleven还是伊藤洋华堂，每次发出接下来应该卖什么，或者产品研发部应着重开发哪类商品的指令时，铃木敏文都留着后手，随时准备像冬季里的暖风，夏天里的冷气一样"反复"，对指令做出微调甚至彻底改变。这样做当然是结合了所获得的最新资讯，期待能更好地满足消费者，提升营业额，可在有些人看来，这样做破坏了计划的稳定，铃木敏文也给人留下了"朝令夕改"的印象。铃木敏文对这样的批评不屑一顾，而是牢牢盯死消费者的真正需求，因为善变的消费者才不在乎你是否四平八稳，他们要的只是能满足需要的商品和服务，谁在这一点上做得好，谁就是他们的宠儿。

在铃木敏文看来，计划是必需的，而所谓计划，常常就是"瞎猜"。不用说汇率、股价等充满变动的市场媒介没人能预测一年、一月甚至一天后的情况，也不用说今年是否有酷暑寒冬的预报，天气预报对第二天的具体天气状况也难以准确把握。市场上到处都是偶然和随机，不知变化，根本不用竞争对手动手，消费者就会把你淘汰。

为此，铃木敏文才在门店准备借冰淇淋、冷饮大干一场的时候下令出售"好炖"，在各大卖场忙着推销夏装的时候下令进购秋装，把之前以季节为思考框架的进货模式改成以月为单位来应对。铃木敏文从不介意和上次的意见不一样，对制订好的计划，并不会一味地强制推进，也不会在出现新状况的时候想方设法予以无意义地维持。他对员工的要求是，即便是早上刚做出的决策，一旦有了足以影响大局的新变化，就应从零开始，立刻改变，重新组织工作。

表面上，这些变动只出现在商品和服务环节，但其影响显然不止于此。当新情况出现，门店对商品做出调整时，销售环节自然也跟着变动，生产和物流环节接着就难以独善其身，这一连串的传导机制就成了企业应对变化的战场，供应链反应是否快速，链上各环节是否具备同气连枝的紧密联系就都暴露了出来。这一过程可能会要求建立新的系统，而更多的情况是要对原有体系进行改良或大修。这些不但成为经营者能否积极应对变化的试剂，也是检验企业建立的后勤、供应体系是否靠谱的试金石。

光靠提醒自己要有接纳变化的意识和勇气远远不够，铃木敏文的建议是忘掉自己是专业人士，用外行甚至是普通人的观点来看待变化，解决问题。

在与管理层和员工的交流中，铃木敏文一再强调，看待问题有两种基本视角，一是自己工作的专业身份，二是普通人，或者说外行身份。在面对新问题、新情况时，人们最喜欢的是从已有的专业知识或经验切入，特别是那些自称是专家或"大佬"的人，"以我的经验来看"的真正含义其实是"对我而言得心应手的方式"或"我认为正确的做法"。这些人有解决问题的成功经验，这些成功经验作为好的记忆存储在脑海里，每当出现表面看起来一样的问题，他们的首选就是读取好的记忆，把那些经验再用一遍。这样做根本不是应对变化，而是对新情况的敷衍。不能积极应对变化的经营者，最喜欢说的话就是"那样做根本不行""这东西在我们这儿卖不出去""我们一直都是这样做的，别的商店也这样"，他们总是在跟风，从来不会也懒于发现、解决新问题，不愿放弃过时的思维和习惯，不见改变，不见创新，市场形势总体偏好的时候也能分一杯羹，只要经济稍不景气就只能守株待兔，靠运气吃饭。

看得见的一份损失，心理上的两倍打击

如此看重顾客的满足感，在质量和服务上近乎歇斯底里地苛求，铃木敏文非但没因此觉得可以高枕无忧，反而在心态上一直保持紧张状态，拼尽全力杜绝任何商品质量和服务水平存在缺陷。这样的态度可以从个人性格方面来理解，但铃木敏文对此的解释只是单纯地从心理学角度出发，对经济行为的常规思考方式进行了反思。

市场交易双方在互动中都实现了伴随着"失"的"得"，买方付出金钱，从卖方手里获得商品的所有权和使用权，以及这一交易行为中伴生的服务。卖方付出商品和服务，从买方手里得到金钱，还有非具象的评价，这些评价常常转化为带有赞誉或诋毁色彩的宣传。双方都有得有失，交易能否持续的关键就在于双方是否从交易中获得公平感，最好是能让自己觉得得到的多，付出的少，下次交易发生的可能性就大大增加。但"占便宜"并不是在产品和服务之外的歪门邪道，而是要重视规避损失的心理，这种心理买卖双方都有，而且同样数量的"得"或"失"，"失"导致的心理效果比"得"更深刻，只有两倍或更多的"得"才能基本抵消"失"带来的阴影。

打折促销是商家惯用的手段，在经历了足够多的这类活动后，能让消费者满足的促销额度已经没了底线，最初10%、5%甚至3%的折

便利统治世界：
7-Eleven的商业渗透

扣就足够让消费者怦然心动，形成抢购潮，而现在即便是20%、30%甚至40%的大比例也不一定让消费者多看一眼。是消费者真的不需要折扣吗？当然不是！只是打折促销的方式并不能给消费者带来"得"的感受，而要让消费者掏钱，强烈的"得"的心理暗示是最有力的。

1997年，为应对经济增速放缓带来的财政压力，日本政府决定将消费税税率从3%调到5%。增加的税收肯定是要摊到消费者身上的，消费者得知要"挨宰"，零售业随即进入了一个小寒冬。在很长一段时间内，任凭商家又是直接减价，又是打折甩卖，百般"诱惑"，可消费者就是无动于衷。

伊藤洋华堂的情况也好不到哪儿去，旗下超市在小寒冬中艰难度日，好在还有铃木敏文坐镇，他这次又在不利中发现机会，并能力排众议，将计划付诸实施。

铃木敏文在1998年提出开展返还5%消费税的促销活动，目的自然是刺激消费者，提升销售额。伊藤洋华堂管理层对这样的提议嗤之以鼻，连20%甚至30%的打折力度都没能让消费者恢复信心，区区5%就想打开局面，除非奇迹出现。

见董事会始终不松口，铃木敏文想出了个折中的办法，先在一定区域内试点，有效果再向全国推广。董事会同意了，选择的地点是前一年因为拓殖银行倒闭而消费市场大受影响的北海道。

奇迹真的出现了，撬动消费者的杠杆就是5%的消费税返还。活动一开始，原本已跌入冰点的市场开始活泛，伊藤洋华堂旗下的超市和便利店再次恢复活力，消费者对这样的活动十分捧场。第二个星期，这一促销活动在全国推广，市场很快做出反应，又热闹起来。年终盘点，伊藤洋华堂营业额比上年增长了60%，如果政府不征收5%的消费税，公司自然也不会搞消费税返还活动，这样的增长当然也就不可能了。

伊藤洋华堂从消费税返还的活动中得到启发后，又推出了以服装类产品为主的现金返利大促销活动，最高可向顾客返还消费金额的20%~30%。从消费者付出的代价看，这样的返还跟打八折和七折的结果一样，打折直接在收银台结账时体现，而现金返利还需要顾客持商品小票到特设的兑换点领取现金，又增加一道手续，多花时间，还浪费精力。

但结果却跟消费税返还活动一样，消费者非常踊跃，完全不会计较多花时间，而且在拿到返还的现金时还会满意地跟工作人员道谢。

对20%甚至30%的折扣力度不感冒，只不过5%的消费税返点，或者消费总额20%~30%的现金返利却让消费者马上兴奋起来，这处处透着古怪，根本不是纯粹经济学的知识能解答的。如果消费者真是经济学假设的"理性经济人"，在面对八折或七折的促销活动与总额20%~30%的现金返利时，其促销力度基本一样，效果不应该存在那么大的差距，更不用说降价20%比5%的消费税返点更划算了。实际上，用纯粹经济学观点看不透的市场交易问题，往往是心理学的研究范畴，出现上述局面的原因在心理学看来很简单，就是规避损失的心态，一样的结果，不同的方式，一种被消费者看成"失"，因为钱毫无疑问是花出去了。另外一种却让消费者有了"得"的感受，反应也就不一样。

规避损失的心态也不是消费者的专利，卖方一样有这样的倾向。对消费者规避损失的心态可以善加利用，增加营业额，但卖方自己的这种心态，常因没得到较好的克制而陷入均衡缩小的怪圈，影响经营业绩。不少经营者就是因为把损失带来的心理阴影放得过大，在经营策略上采取了致命的紧缩政策，最后才活活把自己拖死。

当天进货，当天售罄，或许是卖方最喜欢看到的情景了，但这样对卖方就真的好吗？

假设这样的理想情况确实出现了，某种商品只要上架，在很短时间内就售卖一空，卖方再不用为这种商品会出现滞销而苦恼。可是这一情况出现除了商品本身确实受欢迎外，还有一种原因是卖方并没能对销售情况做出可靠的预估，比如说进货数量不够多，这才导致商品卖完，而还有很多潜在的消费者对这种商品也有需求，但卖方已经售完，交易也就不可能发生。这种还可以再增加销量但最终没能实现的情况，对卖方而言也是一种损失，只不过是看不见的机会损失。相反，卖方的商品没能顺利卖出去，都堆在货架上，成了滞销品，这些商品很可能给卖方带来成本的增加，就成了看得见的废弃损失。

机会损失不能直接看见，对卖方的心理冲击有限，而废弃损失是实打实的，卖方总是巴不得瞬间就把这些滞销品变成畅销品，卖成现钱落袋为安。接下来，卖方会把更多的精力投入到滞销品的经营上，却很难找到突破口，滞销的依然滞销。同时，卖方没能为之前的畅销品弥补机会损失带来的缺口，也就失去了重新定位商品，给畅销品更多展示空间的时机。商品本也该实行"能者上，平者让，庸者下"的管理机制，但卖方容易对废弃损失耿耿于怀，反而让表现糟糕的庸者尸位素餐，出现机会损失的商品却再难有露脸的机会。时间一长，商店就会进入均衡缩小阶段，为回避废弃损失而减少进货，东西越来越难卖，顾客选择余地越来越小，越来越不愿进门。商店轻则长期门可罗雀，重则关门大吉。

全力规避看得见的损失而对看不见的损失宽宏大量的做法在生活中随处可见。

意大利经济学家利玛窦·墨特立尼在《喜怒哀乐经济学》中介绍了一个发人深省的案例，对下雨天的纽约很难打到出租车做了有趣的解释。

纽约的出租车司机有个习惯，在开工时预设当天的收入目标，目标一实现就收工，不管一天的时间还剩下多少。因为这样的习惯，雨天难打出租车就变得顺理成章了。实际上，人们在雨天比在晴天对出租车有更大的需求，司机在雨天非常容易揽活，加快了实现目标收入的速度，收工也就更早。但他们并不愿意利用剩下的时间继续工作，无形中就导致了大量的机会损失，人们打到出租车的概率也就小了。相反，在天气好的时候，人们在出行方式上有更多的选择，出租车司机要实现预定目标就要用比雨天更多的时间。为了减少实际收入和预定目标之间的差距，他们不得不工作更长时间，把看得见的损失降到最低，这也增加了人们打到出租车的可能性。

理解了消费者规避损失的心理，卖方在制定经营策略时就有必要注意给他们提供获得感。认识到卖方自己也存在这种心理，就应该对经营的商品做更全面的了解，分析消费者的真正所需，坚决放弃已被消费者抛弃的过气商品，为消费者钟爱的商品提供足够的陈列空间和时间。

市场的七寸：四成消费者的绝对满足感

从美国引入7-Eleven后，日本7-Eleven在20世纪七八十年代的战绩足以说明，铃木敏文关于小商店和大超市可以共存的预想是合理的，但这样的预想主要从购物距离的远近、时间的早晚进行分析，还只是比较直观的外在差异化思维。一直到80年代中后期，随着铃木敏文用心理学解读市场行为的思考越来越深入，7-Eleven的定位才在距离和时间的便利上增加了对顾客更深层次购物需要的思考，也就是对高品质的追求。

虽然几乎所有的顾客都有追求高品质的倾向，但真正愿意为高品质付出更大代价的顾客比例在整个消费群体中也只占一部分，另外的顾客面对价格更低、获取更容易、品质也说得过去的商品时，会毫不犹豫地出手。更高品质的商品当然也好，可对不少顾客而言，更高品质的商品能带来的整体体验或许会更诱人，但他们没必要特别执着于这样的商品。对高品质商品有强烈偏好的顾客就不一样了，品质是他们购物时最重要的考虑因素，他们不愿对功能差不多但品质偏低的商品勉强将就。

对品质的重视近乎偏执的消费者占比可能不高，能占到顾客群中的四成就已相当不错。在面对四成消费者和六成消费者的市场蛋糕时，六成的比例自然更大，但经营者选择为六成顾客服务才是明智之举吗？铃木敏文坚决反对。

六成消费者的市场蛋糕是大，但盯着这块蛋糕的人更多。低门槛和粗糙性决定了有众多生产商和商家能为这六成消费者提供产品和服务，而且这些生产商和商家更具流动性。在这样的背景下，市场上形成的局面很可能是90%的生产商和商家在争夺六成消费者，另外四成消费者的需求只有10%的生产商和商家在支撑。这样一对比，绝对值上很大的市场蛋糕，用相对值一看，少得可怜，生产商和商家选择哪一类消费者作为主要服务对象，高下立判。再看远一点，随着顾客对生活质量要求的不断提高，购物时他们会更多考虑商品品质的重要性，低质商品的出路更加暗淡。另外，商家会逐渐形成自己的核心技术和风格，在市场上的信誉也会更加稳固，慢慢蚕食市场份额。之前主要服务六成消费者的生产商和商家，为顺应市场需求，也不得不向生产、经营高品质商品的生产商和商家靠拢，但已先机尽失，而较高的流动性也难以带来较好的口碑，除了一些规模较大、实力较雄厚的生产商和商家，其他的连自保都困难重重，何谈发展！

正是在铃木敏文这样的市场预见下，7-Eleven致力于为四成消费者提供高品质的商品和服务，让这类消费者得到满足感的同时，也让另外的消费者从中获益，享受到在大超市或同类便利店都没能体验到的服务。但情况在不知不觉中发生了变化，四成消费者卷起的"涡轮"把原先在另外六成这个大集合内的消费者也渐渐裹挟进来，新形成的消费群里又分化出另一个四成，更高品质的产品又有了新的立足之地，原先的产品面向的群体又扩大成了全体消费者。

红豆糯米饭如今已成为7-Eleven的畅销商品，味道鲜美可口，常年高居销售榜前列，但一开始并非如此。

中午吃自己公司的盒饭是铃木敏文的习惯，一天，他正好吃到红豆糯米饭。饭一入口，铃木敏文就觉察到不对劲，根本吃不到糯米特有的软香，红豆应该体现出来的清甜也似有似无。这样的产品怎么能卖呢？又是怎么做出来的？

带着这些疑惑，铃木敏文找来产品负责人。一问才知道，红豆糯米饭中的糯米本该用蒸笼蒸，但7-Eleven专用的生产工厂却没有蒸笼，研发团队不得不像煮一般米饭一样将糯米放到锅里煮，这样煮出来的味道可想而知。尽管研发团队在水量、火候等方面投入大量精力，试了多种方法，但煮出来的糯米依然没法像蒸出来的一样颗粒饱满，筋道有嚼劲。

铃木敏文开始分析问题的根源，他认为，这还是卖方思维在捣鬼，只想着利用现有条件因陋就简做出商品了事。虽然研发团队做了那么多努力，但这样消极的行为是难有大作为的。

为了做出更好的红豆糯米饭，铃木敏文要求日本国内所有的7-Eleven专用生产工厂马上引进蒸笼，在选购设备时一定要是最新而且功能最可靠的。

研发团队彻底返工，从糯米和红豆的选品、淘洗、浸泡时间出发，每一步都经历多次试验，最终生产出了口味地道的红豆糯米饭。重新生产的红豆糯米饭一上市就成为顾客争相购买的商品，销售数量直线上升。

7-Eleven的炒饭系列产品也经历过类似的过程，同样，也是铃木敏文在试吃的时候发现问题的。

刚开始卖炒饭的时候，7-Eleven无疑又走在了便利店的前列，为顾客又提供了一项令人满意的服务，至于炒饭的口味，向来没有顾客直接抱怨，炒饭的销量也还可以，但铃木敏文试吃后，一脸担忧。炒饭本该米粒分明，硬中带软，但这份炒饭的米粒几乎是黏在一起的，吃起来牙齿好像陷在了沼泽里面。油量、盐味合适与否且不说，单就米粒一项的失分足以令顾客失望。

铃木敏文直接让所有销售这种商品的门店立即下架炒饭，无论各门店的具体销量如何，都必须坚决执行。虽然不排除有一部分消费者喜欢这样口感的产品，但如果因为这给少部分消费者带来满足的产品而伤害更多消费者，是极不划算的。

跟红豆糯米饭一样，研发团队回头重来，引进新设备，在制作炒饭时用强火高温烹饪，在投入米饭后不断翻炒，炒饭的口味果然大不一样。一年零八个月后，下架的炒饭强势归来，口味的改变带来人气飙升，销量一度让其他熟食黯然失色。

显然，只是完全依靠便利店距离和营业时间上的优势，不在产品质量上精益求精，7-Eleven也会渐渐变得跟一般的便利店相差无几。消费者到便利店购买炒饭等熟食，图的是方便，但不会对口味没要求，甚至希望这些熟食比得上家里做出来的家常味道。便利店既然在价格方面向消费者索取得更多，理应在商品和服务上有更高品质的体现，为消费者带来超出预期的满足感。

接下来，铃木敏文做出了一个有悖常识又显得自大的规定：禁止员工参观其他公司。

在大家竞相取长补短、学习竞争对手的时候，在国内外资本纷纷涌入便利店行业，抢占市场份额时，铃木敏文不为所动。从铃木敏文一直推动7-Eleven推出更好的产品和服务这点就能明白，他是一个愿意学习并做出改变的人，之所以不跟风，是因为他始终认为满足顾客需求才是正道。

与分析主要面向四成还是六成消费者所用的相对思维相反，在为消费者提供产品和服务上，生产商和商家最重要的是保证产品和服务的绝对价值。尽管同行们情况不同，但只要有一家的产品和服务能比其他家的更好，消费者体验一段时间后总能察觉，当消费者转向相对优秀的商家时，几乎所有的同行提供的产品和服务也会跟着赶上来。知道这一点，就会明白：盯着竞争者，根据同行的动作做出自己的反应是费力不讨好。反之，一刻也不放松地盯着消费者的真正需要，在消费者明确说出所需要的产品和服务前就出手，消费者的购买欲得以激发，经营者就在有价值的地方用对了自己的精力，避免疲于奔命。

为消费者提供绝对的满足感，并不意味着必须一步到位，让消费者体会到相对的好就能为之后的更好打好基础，但这只是权宜之计。生产商和商家的真正挑战，是顾客需求，要立足于长远在满足顾客需求方面做到最好，与竞争者拉开显著差距。

Part 2

便利店的轴心

第一章　产品轴：零售的生命线在哪里

口味极致，其他都是浮云

在7-Eleven门店平均2500多种商品中，食品占了大多数，其中饭团、炒饭、煮品等即食性熟食最有独特性。成也萧何，败也萧何，最容易让消费者对7-Eleven产生不满的，也是这些对口味要求极高的熟食产品。口味是食材、工艺、鲜度、安全等要素的综合体，消费者并不会因为卖方在其中任何一个要素上投入了极大努力而感动，只要口味不能让消费者满意，卖方再辛苦，再令消费者感动，也都是浮云。

1979年，日本7-Eleven门店已近千家，之前与小型便当和面包生产商合作的方式已经远远不能满足7-Eleven庞大的采购量。铃木敏文在这之前已经跟生产能力更高一筹的生产商进行了接触，并在1979年与这些生产商共同成立了NDF（日本鲜食联合会），负责为7-Eleven门店提供便当和面包。NDF的一大特色是每个生产商都有只为7-Eleven制造产品的生产线，而且这条生产线只生产一种产品。这样的优势是显而易见的，最重要的一点是避免串味和形成交叉污染。

生产线闲置是生产商无法容忍的，为保证最大限度创造价值，生产商对订单有着异乎寻常的偏爱，他们会接受来自不同合作方的产品生产订单。当A公司订单送到，生产商自然会先满足A公司的要求，生产A产品。一批产品生产结束，不论是B公司还是C公司的订单，只要材料齐备就都接着在生产线上加工。这样的操作方式存在一个可大可小的问题，就是产品的交叉污染。A产品在生产线上或多或少会有一定量的残留，谁也不敢保证不会影响到B产品或C产品的质量，一些生产商或卖方会认为有残留也无伤大雅，并把这样的结果看成理所当然。而对那些要求每件产品都无懈可击的生产商和卖方来说，一点残留都是不能容忍的，尤其是食品，如果红豆糯米饭里花生的味道比红豆的味道还重的话，就是在砸自己的招牌。专用生产线杜绝了交叉污染，食品血统才能纯正。

同时，NDF为7-Eleven生产的产品都有完整的"生长传记"，从原材料的对应产地到生产的每个环节，相关数据都有案可查。NDF还承担了筛查过敏物质和食品添加剂的任务，对含有容易导致过敏的物质的产品有特别备注，同时再使用多重复合系统，细致分析可能导致过敏的各项物质，保证为7-Eleven提供的食品类产品从一开始就不易引起过敏。

NDF同时也保障了食品的安全性。从采购到生产，每件商品上的货号都忠实记录了关联的原材料生产地和加工厂家，责任明确，程序清楚。当然，消费者对这些并没有很直接的感受，在他们的印象中，7-Eleven的食品尽量不添加色素以及各种增味剂，比起餐馆和一些熟食店提供的产品，吃起来更让人放心。防止交叉污染和保证安全性是生产商和卖方分内的事，也是确保食品的口味能征服消费者味蕾的必要手段。消费者在这方面对生产商和卖方的要求会表现得很苛刻，干得好不会有过多的表扬，而只要出了问题，就会揪着不放。生产商和卖方自然要在这方面做足功夫，但更应明确口味是与消费者联系的终端，能让消费者买账的是口味，口味好了，零售的生命线就守住了。

我们来看看"好炖"。

"好炖"已经成为日本所有便利店企业的必争之物，7-Eleven在"好炖"上所做的努力让烹饪界的专家都惊叹，"便利店竟能做到如此地步"。鲣鱼是制作"好炖"汤汁的必备原料，7-Eleven对鲣鱼的要求足以让专业制作鲣鱼产品的企业都望而却步。

在选取鲣鱼的来源上，7-Eleven坚持只用捕获自赤道的鲣鱼，因为赤道产的鲣鱼脂肪量最少，熬出来的汤汁透明度最高，鲜味不减，视觉效果却提了不止一个档次。

鲣鱼干的一般加工流程是捕获后就马上冷藏，之后再根据要生产的产品特性分开加工。这样的流程是业内习惯，但7-Eleven偏不这么做。不等鲣鱼送到冷藏库里，就直接将捕获的鲣鱼送往渔场附近的特设工厂。这样的好处在于避免了鲣鱼冷藏过程中的营养流失，更防止解冻鲣鱼时鲜味随着渗出的液体损失掉。送到工厂里的鲣鱼放置一两天后，因为水质环境变化，鲣鱼的肉味比刚从海里打捞出来时少了些腥味，也就更符合人们的口味。

进入正式加工环节，7-Eleven在进行干燥和烟熏时为保证最大程度留下肉香味，采用的也是最古老、最费时的方法：手火山式和焚纳屋式。

手火山式非常注重鲣鱼在蒸笼内的位置，每条鲣鱼都能得到足够的热量，蒸笼的层数也严格控制，避免鲣鱼的干燥程度和速度不一致。焚纳屋式最关键也在于鲣鱼受熏的均匀程度，以让鲣鱼本身的香味和鲜味发挥到最大程度。

完成烟熏后，部分鲣鱼干就直接用来熬汤汁，这样的汤汁晶莹透亮，味道比那些用多脂肪的鲣鱼熬出来的汤更香。剩下的鲣鱼干继续加工，经过多次烘焙、冷却，表面有层焦油的鲣鱼干就成了"荒节"，既可以直接当鱼干卖，也可以在"好炖"里特意放上两勺，使汤增稠增味。

熏制后的鲣鱼干可以继续加工，在霉菌作用下味道更浓重，鱼肉内的氨基酸被牢牢锁在鱼干内，熬出的汤汁颜色却更浅，放到"好炖"里面马上能让味道增色不少。有这些原料和加工工艺，7-Eleven的"好炖"罕逢敌手。也有竞争对手侦查后，掌握了7-Eleven"好炖"味道不同一般的秘诀，每个环节都照搬，可消费者已经习惯了在7-Eleven购买，懒得再改弦更张。

炭火烤肉便当也是7-Eleven的招牌产品之一，为了生产出纯天然的便当，7-Eleven足足花了3年的时间，硬是从炭火入手，生生打破了行业惯例：从中国进口冰冻的炭火烤肉或在烤肉的油脂中加入香料。这样的炭火烤肉便当一推出，消费者体验到了不一样的口味，炭火烤肉便当也成了7-Eleven各门店的畅销品。

现磨咖啡是7-Eleven推出的又一款热卖品，研制过程丝毫不比鲣鱼干汤汁轻松。

为了生产出最醇厚的咖啡，7-Eleven精选了从世界各国采摘的咖啡豆，再选出最优品种。这些最优品种还要经过专业咖啡品鉴师的品尝，从中找出口味最正的一款。为了让咖啡的香甜口感表现得更彻底，咖啡豆的煎焙采用了更繁复的工艺，烘干时用了两种温度，保证干燥的同时，香气不会挥发太多。配送中心对烘焙后的咖啡豆完成包装，还要以10℃以下的冷藏温度送到各门店，咖啡豆的香脆才不会减弱。门店在现场制作咖啡时也有很多讲究，最重要的就是水的选取，水质过硬过软都会影响咖啡味道的萃取。

环环把控换来的是咖啡品质的卓越和稳定，设在住宅区的门店，30～50岁的家庭主妇也更乐意登门，都是闻着咖啡的香味过来的。至今，7-Eleven咖啡的销量不是产品中最多的，但一定是重复购买率最高的。咖啡在试售期的销量比铃木敏文预计的还要高40%，管理层也因此调整了预定销量，从一年3亿杯增加到4亿杯，7-Eleven在咖啡上的雄心不再只是提供一款适合消费者口味的产品，而是将7-Eleven打造成"称霸全日本的咖啡零售店"。

越是品质好的食品越要在口味上精益求精，至于那些无法让人体会到食物的美味和美妙，甚至给人带来不适的食品，毫无疑问要坚决清理出队伍，避免"老鼠屎坏汤"的悲剧。

在一次巡视中，铃木敏文尝到某门店内的一种面包，当时就觉得难以下咽。当他得知这种面包每天都能售出七八个后，不禁毛骨悚然：这种口味的面包，竟能卖得出去，最严重的是，这种背叛消费者的行为竟然堂而皇之地出现在7-Eleven。铃木敏文马上下令整改，一直到这种面包的口味符合要求为止。

在物质短缺的年代，卖方只要提供一定品质的商品就能顺利实现商品价值，但现在不一样了。消费者到便利店的心态也经历了从时间、地点上的便利到品质上的追求，尤其是家庭主妇给便利店带来的机遇和挑战都是空前的。一方面，更多的家庭主妇都愿意把7-Eleven当成自家的另一个厨房；另一方面，如果7-Eleven不能提供比得上家常味道甚至比家常味道更可口的产品，家庭主妇对7-Eleven的不良印象将会传递给更多的消费者，7-Eleven原有的消费者群体也会逐渐流失。

买方市场走到今天，卖方再不能固守等待型经营的策略，要在引导消费者消费上有所建树，产品的品质表现力就需要进一步加强。对便利店自身，"这个味道还可以"的心态早晚会把自己拖到无可救药的境地，口味一直原地踏步的话，即便刚开始消费者反响还不错，但随着消费者的胃口越来越挑剔，他们对卖方也会采取抛弃没商量的态度。

1993面包年：打破前定和谐

先行一步，快人一路，再加上闭门造车，出门合辙，在铃木敏文"禁止参观学习其他品牌连锁店"的死命令下，7-Eleven未模仿过其他公司，反而在有新产品和新服务面世后，马上被其他品牌的连锁店照葫芦画瓢。

1993年可以算是7-Eleven的面包年，它开创的两套拳头产品不仅打出了一时威风，也让不少跟7-Eleven门店在同商圈的零售商店饱受打击，较长时间内只得跟在7-Eleven后面捡点"残羹剩菜"。

这年3月，7-Eleven门店开始提供素面包。相比一般的面包，素面包连鸡蛋、奶制品等材料都不能用，在材料上尽可能素，对成本控制是一大利好，但这种面包对口味和保鲜的要求可不低。正因为少了能增强口感的原料，要让顾客体会到面包的味道，材料配比的调整和工艺的把握就成了一大难题，研发团队在生产出首个能上架的素面包前，成百上千的牺牲品进了废品库。

1993年11月，7-Eleven对门店内销售的面包做了大的调整，除保留一部分很畅销的全国性品牌（NB）外，面包架上其他的位置全部被自己和生产商商定生产的自有品牌（PB）面包占据。现如今，7-Eleven门店内销售的面包大部分都是自有品牌，而这些自有品牌虽然不由7-Eleven直接生产，但从用料到口味都是由生产商根据7-Eleven的要求不走样地生产的，7-Eleven对生产环节的控制已经比生产商自己更深入。

素面包和一系列自有品牌面包给7-Eleven在研发生产阶段带来了

挑战和压力，但也带来了竞争对手无可比拟的优势。这两套产品只是7-Eleven对原创极其偏爱的缩影，不一定能说明什么问题，背后的运作逻辑才是其他竞争者想从7-Eleven学的重点。

这一逻辑就是铃木敏文一直强调的"泥鳅论"：即使柳树下存在两条泥鳅，第二条的尺寸也必定远远小于第一条。铃木敏文觉得一个企业或一个好的经营者最该做的事，就是不断发现新的柳树，捞到第一条泥鳅，而7-Eleven要成为零售业内持续提供新产品的创新驱动力。

零售业提供的产品，很难一下子带有彻底颠覆人们惯常思维的基因，但经营者并不能以此为借口，停留在将A打造成A+就心满意足的舒适区域，因为这一过程虽然实现了提高，但在A面市之际，人们已经从使用中开始了对A+的联想。当A+按照人们的预想发挥功用时，卖方觉得A+已经脱胎换骨，但消费者心理上其实早有预期，因此并不觉惊喜。所以，原创力的展现固然着落在新，但新并不是简单地使A略有拔高成为A+，而是要将A打造成B或C，以全然不同的表现力，冲击市场的制高点。

原创最重要的在于敢于打破"前定和谐"，实现突破。在哲学上，前定和谐意指上帝在创造世界之前已经为万事万物的运行定下了规律和逻辑，保证世界秩序。在日本的语境中，前定和谐引申为人们都按照预定过程发展，结果也与预定一致。素来具有中规中矩性格的日本人，对商品的表现力等外在因素应该也不会苛求太过，但恰恰相反，日本消费者在零售市场上的反应让人大跌眼镜，铃木敏文就以自己购物时的心态为日本消费者的购物性格下了定义：矛盾又任性。

期待每次购物都能有"呀！下次来买又会有什么惊喜"的感觉应该不只是日本消费者才有，所有消费者心里都会有这样的期待，而这也是零售业的核心魅力所在，不断提供打破前定和谐的产品和服务，用"毫末技艺"让消费者感到的是"顶上功夫"。

7-Eleven在打破前定和谐，努力为市场和消费者提供原创产品和服务方面的例子很多，自有品牌（PB）系列从无到有，从有到优的过程深刻地展现了市场对原创的偏爱。

7-Eleven从1993年开始推出自有品牌，到2012年，自有品牌中的7-Premium系列在售产品已超过1700多种，平均每种产品的年度销售额在3亿日元，而其他零售企业的同类产品年均销售额也不过每种1亿日元上下。这1700多个品种中还有90多种年度销售额在10亿日元，创造了之前的零售业界不敢想象的奇迹。随着7-Gold的推出，一大波原创产品奔袭市场，这些产品不但在形式上尽量跟之前的产品拉开差距，更在品质上有了异常强烈的表现力。消费者并不因这些产品在价格上高过其他同类产品一截就望而却步，反而纷纷用钱包投票。

原创并非就是要生产商或零售商绞尽脑汁创造出前所未见的"神品"，流行、时尚等元素都能成为原创灵感的刺激力量。7-Eleven推出的恶魔果实造型面包，就是一款积极响应怀旧风潮的原创产品。

漫画家田荣一郎的《海贼王》堪称20世纪的经典漫画作品，不仅书册热卖，改编成动画片后于1999年在富士电视台开播就引起了巨大反响。2014年，《海贼王》动画片迎来开播15周年纪念，小装饰产品和玩具生产商纷纷出动，准备搭着这股热潮发笔小财。按理说7-Eleven跟《海贼王》不是很好的搭配，除了在门店内多放几本相关的杂志或光盘外，别的也不好有什么动作，但7-Eleven又出新招了。7-Eleven的产品研发部瞄上了动画片中的关键道具——橡皮恶魔果实，恶魔果实面包在外形上惟妙惟肖，还选用蓝莓果酱在面包上勾勒出道具的象征标志，果酱和奶油的搭配又给面包增加了一种奇异的味道体验。不用说，这款面包又成了畅销品。

如今自有品牌系列已经成为零售经营者们付出更多精力进行维护

和开发的领域,各零售品牌进入了持有自有品牌和进一步扩大自有品牌影响力的阶段,但有部分经营者错误地认为,能够持有自有品牌就万事大吉,试图立于不败之地则是妄想。

自有品牌系列诞生伊始,体现出来的原创精神和吸引力足够在市场上与常见的同类商品分个高下,借着消费者想尝尝鲜的优势,常见的同类商品占不到多少便宜。但自有品牌并非竞争者学不到的秘密,随着时间推移,这些商品也会逐渐成为常见商品,空有自有品牌的名,已经没了原创的感觉,当大家一拥而上,先前的畅销品也就成了明日黄花,整个零售市场也就一步步滑向粗制滥造的PB产品充斥的泥潭,一种极具潜力的产品就这样夭折了。

不能销售独家产品,在多一家不多,少一家不少的零售市场上,这样的门店在消费者眼里只是用来应急的,体会不到任何特色,商品也是随处可见的货色,顾客当然毫无忠诚度可言。美国硅谷一再诞生商业传奇,但每一个传奇背后都是"尸骨累累",无数竞争对手在籍籍无名的时候就折戟沉沙。面对如此激烈的竞争,这些公司的一大特点是不断拿出更好的产品击败已有的产品,坚决抛弃一批批无用的"老东西",这在硅谷被称为"自吃幼崽",如果在推陈出新上不对自己狠一点,早晚有别人来动手。

只要确定要走差异化经营的道路,在商品目录上添上属于自己门店的主打产品就成为必然选择,接下来就是为自己"号脉",结合消费群体、市场环境、地方习俗等因素确定主攻商品。走到这一步,最需要花费时间和精力与之打交道的生产商随即浮出水面。

跟生产商合作时,生产什么样的商品由门店说了算,但商品生产出来是个什么样,生产商至少有一大半的发言权。门店自身并没有生产设备以及设备使用技术,对生产细节更是所知甚少,仰仗生产商既是自身所需,也是形势使然。门店对生产的把握不如生产商,但门店在生产原创型产品上也具有生产商无可企及的优势：直面消费者，更懂消费者的心。特别是一些想生产在价格上有优势的自有品牌的门店，一定要与生产商充分沟通，既不能为了降低成本把价格负担强行推给生产商，更不能在需要深度参与、确定生产所需原料和设备等细节上听任生产商率性而为。产品最终是否畅销决定双方的直接利益，只有产品畅销，门店才能扩大进货规模，生产商的生产成本也才能降下来，双方获益。这些是铃木敏文一直在坚持的合作原则。

觉知情报：以问题意识为本

夏天，人们本能地对能够带来"冰冰凉，透心爽"畅快感的冷饮爱不释手，带降温功能的冰箱和冰柜已成为各大超市和便利店的标配，但到了冬天，人们有没有相同原理的需求呢？

这样的思考方式就是铃木敏文经营和管理中经常运用的秘诀——问题意识，在大家都觉得理所当然，要走传统航路才能到达掘金地的时候，他已经在"地球是圆的"这一大前提下开辟新航路，找到另外的掘金地。

正是在以问题意识为本的思考方式下，7-Eleven在1994年引入大型冰柜、敞开式冷藏柜之后，又在"为顾客提供绝对满足感"的服务原则下，陆续引入可以根据季节切换冷藏、温藏模式的饮料柜，让顾客既能在炎炎夏日饮下一口清凉，又能在数九寒冬手捧一杯温暖。

如果铃木敏文脑子里没有"顾客在寒冷的冬天需要什么"的问题意识，而是把这一能钩住情报的"鱼钩"丢在一边，也就不会有可以切换温度的饮料柜的引入，7-Eleven依然可以在其他方面赚钱。但

便利统治世界：
7-Eleven的商业渗透

7-Eleven这样得过且过的话，实质上已经堕落成了一家毫无特色的零售店，在消费者越来越挑剔的今天，早晚会成为市场弃儿。

问题意识并非铃木敏文的不传之秘，这个"鱼钩"也不用放上多名贵的"鱼饵"，一颗好奇心、一双愿意发现的眼睛和一对善于倾听的耳朵足够接纳有用信息。

就以兼具冰冻和加热功能的两栖饮料柜来看，捕获"消费者在冬天也需要加热饮料"信息的机会其实很多，让铃木敏文印象尤其深刻的是冬天的高尔夫球场。当时场上常会看到一些大锅或者大盆里开水翻滚，只是为了让大家有个热源加热手中的饮料。高尔夫球场外的信息更多，冬天大街上人们都愿意在手里拿一瓶热水，或者在自动贩卖机前选购加热饮料，一个愿意从顾客角度调整经营措施的经营者很容易从这些细节中发现改变空间。反之，问题意识淡薄的经营者，难以打破固有思维局限，会在软饮料和清凉饮料之间画上等号，固执地把软饮料当成夏天才能热卖的畅销品。当人们对铃木敏文的情报信息收集和加工能力表示钦佩时，他却对情报的收集方式做了修正，他觉得情报信息并不需要一直很辛苦地主动收集，它们都是自己上钩的。

铃木敏文有个习惯，回家就打开电视，在车上就打开广播。看电视或听广播时，他并没有刻意每分每秒都保持注意力，而是让信息自然流畅地从脑海里流过。他关注的重点有两方面，一是最近有什么新东西在人们之间很流行，二是发生了什么有趣的新闻。这两种信息都是很容易吊起人们的胃口，刺激人们的兴趣点的，所以确实不需要太多的注意力，脑子里"问题意识"这个鱼钩会自动帮人把这些信息留住。

这两种信息得到铃木敏文特别青睐的原因，凡是稍有市场敏感度的人都可以略知一二。市场给消费者提供的产品极其丰富，销售情况良好的跟一般甚至滞销的产品，在功能上的表现很可能差距不大，单从使用价值的角度，消费者对它们是一视同仁的。这样一来，销售情况的好坏就直接来源于商品的表现力，表现力靠的就是表现的方式，或者说商品呈现在消费者眼前的形式是不是足够给人留下深刻的印象。要实现较强表现力的目标，掌握时尚潮流，把握当下流行脉搏无疑是最好的途径。

便利店面向对安全、方便、快捷有较高要求的人群，这部分人群在商品的选择上会花费较少时间，对不熟悉的品牌，通常以眼缘决定取舍，颜色、包装风格都是能否产生眼缘的催化剂，不过一句能结合流行元素的文案常能为一个新生品牌杀出血路，或者为已有良好基础的产品争得更大的市场蛋糕。

"Just do it（想做就做）"是耐克的经典广告，这一广告语在1988年正式投入使用，此后很长一段时间，这句广告语始终冲锋在前。这句广告语就是与流行文化联姻的优良产物，唤起了人们的购买热情。

20世纪80年代末，乔丹已经成为美国体坛的明星，他的球技和个人风格赢得了年轻人的热爱和追捧，人们对体育的关注度日渐上升。以体育品牌著称的耐克，敏锐地抓住了这一流行元素，借用当时的大众心态采用了这样的广告语。这句广告语简单清楚，同时又能给买卖双方带来新的解释。

从消费者的角度看，这句话可以理解为"我只选择它，就用这个"；

从卖方的角度看，"来试试"的邀请真诚又俏皮，会给消费者带来不一样的体验；

潜在的消费者听到这句话时，可以理解为"想做就做，坚持不懈"的意思；

对年轻人来说，这句广告语既强调了运动本身，又充分地突出了年轻人的自我意识，算是个让人感觉很舒服的"马屁"，买体育用品当然会优先考虑耐克。

7-Eleven在吸收流行元素方面也有自己的成功案例，香港7-Eleven做得尤其可圈可点。香港的7-Eleven门店在寸土寸金的店内设立了"青春角"，每有歌星、影星的新专辑发布就即刻将专辑置于架上，市面上流行的小玩意儿刚上市，往往也能在7-Eleven门店的青春角找到。这样的青春角成了年轻人的生活站，一推出就得到了年轻人的热捧，门店营业额也跟着沾光。

媒体报道的信息可以感知时下的流行元素和市场状况，但经营者面对这些信息时务必要有"是药三分毒"的认识，对媒体报道的信息加以筛取，避免跟着媒体跑偏。

以零售业为例，只要整体业绩比上年有所下滑，或者发展趋势减弱，媒体最喜欢的报道用词"饱和"就出现了。这个看起来比较专业而且信息明确的词，对经营者来说，多数情况下一无是处，完全可以采取东风过马耳的态度，听之任之。

媒体这样的宣传容易给经营者带来一种破坏性的压迫感，甚至产生末日危机。一旦经营者相信了便利店饱和的论调，注意力转移到废弃损失上，忽视了机会损失，这样的决策转向带来的危害是显而易见的，便利店只要进入了均衡缩小的怪圈，再想抽身就难上加难。事实上，经营者在面对饱和论时该干什么呢？经营者应该明确认识到，便利店经营的好坏在于能否随着消费者的需求做出改变，把消费者的新需要纳入自己的目标清单。在面对媒体带有大量数据的"权威性"报道时，经营者需要分析媒体的意见和自己在日常经营中得到的不同感受之间的差别。

在这些日常生活和有声资讯以外，可以利用的情报来源还有报纸以及拥有海量信息的互联网等，但不少零售业经营者并没真正从这些地方获取有用的情报信息，还在主要依赖销售数据和店员反馈，当然，这并没有什么错，只是掌握不好销售数据和店员反馈信息的话更容易让经营者犯错。

对来自销售数据的信息，铃木敏文的看法是：已经得到的信息只是今天经营成果的证明，并不能代表消费者明天的需要。POS机固然忠实地记录了营业数据，可以避免缺货，下架被冷遇的商品，却无法为掌握变化多端的消费者心理提供依据，更不要说把天气变化等情况囊括于内共同考虑了。

ABC分析法是经营者惯常采用的方法，这种方法把商品分为A、B、C三类，完全以销量进行排名。这能让管理变得简单，效果明显，但也有巨大的缺陷，如果经营者脑中缺少问题意识，不进行必要的把关，就会在不知不觉中危及门店的健康运行。

一年夏天，由于经常下雨，气温普遍偏低，但进入8月份后，气温骤然升高，达到了35℃以上，7-Eleven门店里中华冷面的销量跟着蹿升。几天后，气温依然很高，但冷面的销量已经尽显颓势。别的便利店在ABC分析法指导下一直盯着现有味道的冷面不放，最后当然是结局惨淡，7-Eleven的一些门店却提前做了准备，推出味道更好的冷面，销量总体上保持了稳定。

店员也是个情报信息源，但要对这个信息源保持应有的过滤。店员的数据和结论大多依靠看得见的销售数据，对消费者的心理把握未必精准，更重要的是，店员在做出这些结论时，难免会有个人情感掺杂其中，很容易出现想当然的情况。

捕获这些信息的目的不在于了解，更重要的是应用，站在消费者的角度，调整商品和服务，置身信息中，又能随时出乎于外。

就像有经验的老农在喂牛时，如果草料不太好，农民会把草料放高一点，让牛抬头够着才能吃到。这是因为牛吃草无数，草的好坏凑近点就一清二楚，劣质草一放低，牛根本就对之不屑一顾，需要做出点努力它才愿意把劣草吃完。

从消费者的习惯中寻找信息点，故意制造点无伤大雅的小麻烦，让消费者在享受到好处的同时也付出些精力和时间，他们就会更好地记住商家。

守正再出奇

1990年，日本7-Eleven门店数量即将突破4000家，而且正在独立构筑"制造·配送·零售"体系，以创新零售业和流通领域的固有模式，两年后，实现了整个供货模式的巨大改变，其中又以米饭、三明治、面食等即食产品为代表，实现了一日三次的配送体系，将日本零售业的供货模式直接带入了一个新的时代。

20世纪90年代初期也是日本7-Eleven第四次店铺综合管理系统升级改造完成的时间，信息共享和各环节上的自动化大大提高了运作效率。可以说，日本7-Eleven正发展得顺风顺水，上上下下都对未来踌躇满志。与此形成鲜明对比的是，美国7-Eleven的势头相当不妙，不得已，1990年向日本7-Eleven转让了夏威夷的门店，第二年美国7-Eleven的母公司美国南方公司又向日本7-Eleven出售了70%的股权。

铃木敏文后来得知，从20世纪80年代开始，美国南方公司不但向超市看齐，让7-Eleven跟风削价，便利店的定位被搞得不伦不类，还把手伸向了房地产、能源，希望借多元化经营大赚特赚。有人说美国7-Eleven衰败的原因是搞多元化经营，但铃木敏文觉得这样的分析并没有说到点子上。的确，美国南方公司摊子铺大了，而且点儿比较背，1986年在房地产和能源上双双鸡飞蛋打，先是石油价格暴跌，接着是挑战者号航天飞机发生爆炸事故，美国宇宙研发计划进入冻结状态，围绕宇航业发展起来的公司纷纷破产，当地地价断崖式下跌，南方公司的房地产事业也搁浅了，前期投入打了水漂。但如果南方公司的主要业务——7-Eleven便利店不出问题，公司现金流稳定，会沦落到转让大部分股权的地步吗？铃木敏文以自身经历及日本7-Eleven成功的业务拓展说明，多元化经营并不会直接削弱公司竞争力，导致衰败的致命根源永远是主营业务的脆弱，而对个人而言，就是谨慎、坚持、灵活等原则在转变的时候没能实现嫁接。

从在东贩将一本仅有数千发行量、十分小众的免费手册版改成有13万发行量的收费杂志，到被伊藤洋华堂"诱骗"进入零售行业，并几乎以一己之力让7-Eleven在日本落地生根，铃木敏文后来总结，取得这些成绩靠的就是自己坚持破旧立新。笃定自己的判断没错，因为有这样的市场需要，接着在手法上创新表现方式，不断开拓新领地，先守正，再出奇，就这样在别人的怀疑里，一次次取得胜利。

日本7-Eleven也体现了浓厚的铃木风格，保证守住并发展本业，破旧立新的事也是一件接着一件。便利店开银行，并于2001年在门店内设立ATM机是典型事例，此处不再赘述，其他看起来不是便利店该干的事，7-Eleven也一样没少做。

整个20世纪70年代，日本7-Eleven都在埋头卖那些"零售店该卖的商品"，包括80年代中前期依然如此，但情况渐渐变了。眼看7-Eleven做得那么好，对便利店跃跃欲试的人越来越多，大大小小的便利店在日本呈燎原之势。7-Eleven一方面在单品管理上加大落实力度，开发更多零售产品、增进服务质量，尤其是对"好炖"等熟食采取了近乎严苛的销售制度，拉大跟其他便利店在传统主营业务上的差距，另一方面引入新的服务业务，完全改变了人们"便利店不过是更整洁的杂货铺"的印象，7-Eleven也从卖日常生活用品和零食等食品的"服务中心"，成为居民的"生活基础设施"。从1987年10月推出代收费服务，日本7-Eleven的步伐就一直没停过，先后与电信、水务、燃气部门合作，几乎囊括了所有的常规便民收费服务。原先居民需要跑几家才能交完的费用，7-Eleven门店提供了一条龙服务，一站式解决缴费问题。到2010年，7-Eleven简直成了日本的一个"民间政府部门"，得到政府授权，利用门店内的多功能复印机发行"身份证明复印件"和"印鉴登记证明"。任何一个日本国民，只要有打印这类证件的需要，可以到政府部门，也可以选择进入7-Eleven，一边购物一边自助打证明，想想都觉得方便。

日本政府为了压缩经费并提高效率，近年来诸如政府机关办事点、邮局网点以及派出所等与居民生活息息相关的设施被砍掉不少，在距离和时间上都更贴近居民生活的便利店就承担起了被砍掉的基础设施的部分功能。

日本地震频发，居民对小震已安之若素，小震带来的影响可以轻而易举化解，但中高级烈度的地震带来的后果足以严重影响居民的日常生活。7-Eleven这时常常应政府之邀挺身而出，全力支援救灾以及灾后重建，而这些都是跟政府部门签订过突发情况下的支援协议的。就这样，零售的本职工作干好，种种对提高经济效益、社会效益有推动力的业务也就揽了过来。

7-Eleven守正出奇，以开放的心态和姿态在新领域求得突破，更多的当然是针对零售老本行，在某些方面，日本以外的7-Eleven做得更有代表意义。

进入21世纪，咖啡文化在中国台湾地区愈发盛行，咖啡市场规模在2002年就达到400多亿元台币，现煮咖啡占到135亿元台币。这段时间，消费者日益增长的咖啡需求和市场落后的提供能力成为咖啡市场上的主要矛盾，尤其是平价又高品质的现煮咖啡，由于时段和地段的限制，常常一杯难求。台湾7-Eleven决定利用门店密集和全天经营的优势，为消费者提供随时随地能享受到正宗咖啡的服务。

在高品质和亲民价的开发策略下，台湾7-Eleven推出了全新的咖啡品牌——City Café。City Café的出现给了消费者很大惊喜，因为市场上最受欢迎的美式、拿铁、卡布奇诺、冰美式、冰拿铁5种咖啡口味都有，还有不同大小规格可选。另外，25~40元台币的价格区间也给了消费者选择的余地。对有外带需求的顾客，City Café的制作时间足够让人振奋，由于选用了全自动咖啡机，30秒就能煮出一杯咖啡，而当时市面上要煮出同规格的咖啡，没三五分钟是不可能的。

口味上，City Café也极力讨好台湾大众的口味，以较强的烘焙加强咖啡的浓郁香气，保留甘甜顺滑的口感。台湾7-Eleven还同步推出与City Café搭售的糕点，糕点当然是可选的，为了配合咖啡的种类，口味也不止一样，有咖啡松糕、橘子松糕、奶油巧克力蛋糕、奶油起司蛋糕，让顾客在咖啡配蛋糕中尽享悠闲。针对有座位区的门店，墙上还贴上了富于人文气息的海报，灯光也尽可能柔和温馨，便利店也有了正宗咖啡厅的感觉。在外观设计和包装材料上，City Café也处处透着用心，印在瓶身上的"City Café"标志，主色调是咖啡红，充满轻快、明亮的年轻活力。装热咖啡的纸杯采用进口材质制成，防烫、可降解，成本比市面上通用的高了不少，却给消费者带来了安心。

作为咖啡领域的外行，台湾7-Eleven在制作咖啡上表现出来的专业和敬业，让这款咖啡成了市场标杆。

香港7-Eleven在挺进新领域上也常有新举动，甚至在2003年"非典"期间促进了香港旅游业的整体复苏。

凭借背靠内地的优势，香港旅游业生意兴隆，但由于"非典"，内地游客减少，香港旺盛的人气突然降到了冰点。香港7-Eleven与港内各景点合作，开卖海洋公园门票，又推出旅游服务套票。从2003年4月30日起，新大屿山巴士套票、新渡轮香港离岛一日游套票、山顶凌霄阁三合一娱乐套票等以优惠价在香港7-Eleven门店出售。这一招效果很好，虽然内地游客数量骤减，但沉睡已久的本地居民旅游欲望复苏，不少人都觉得用这么优惠的价格到平时难得一去的景点放松放松也是很好的，那些不用上班的市民尤其踊跃。香港当地惨淡下来的旅游业，慢慢又恢复了活力。

跨领域竞争已成为现代市场的新常态，每个行业都会冷不防地从某个毫无关联的领域冒出新的竞争者，但"真正的竞争对手是瞬息万变的顾客需求"这一意识已经成为7-Eleven的企业文化，7-Eleven在多个领域试水并获得成功，而零售本业越来越强，关键就是守正再出奇。

第二章 数据轴：大系统下的库存管理

门店是永不沉没的信息战舰

撑起一个门店乃至撑起整个7-Eleven，并非看得见的产品和亲切的服务就能大包大揽。外在的面子工程固然重要，让门店和企业顺畅实现买卖交换的信息系统，更是产品品质和服务好坏的反映，也是能一直对消费者"投其所好"的重要数据分析来源。

自引入7-Eleven，铃木敏文对管理和零售系统的信息化工作一直很重视。当门店数量在1978年接近500家的时候，在公司正式使用"7-Eleven日本有限公司"名称的同时，已经开始引入第一代电脑订货系统，并于次年在东京证券交易所二部（相当于中小板市场）上市期间，在所有的门店都铺开了第一代系统。

第一代系统也具有较多独创性，很快就被其他便利店模仿引入。这一代系统主要是为了提高订货效率，关注的是店铺与供货商之间如何更好地联系，从而减少供货时间，减少供货失误。

第二次系统升级从1982年开始，一年即告完工。这次依然围绕进一步提高订货效率展开，但门店与顾客之间如何更方便地完成交易已经成为系统升级考虑的重头戏，而且可以说是这次系统改造的最大亮点。原创开发的POS机投入使用，手持扫码器代替了之前的条码读取器。这一改变对收银员来说是一大解放，因为再不用像之前那样两手揪着商品在读取器前刷来刷去。对顾客也是节省时间的利器，平均结账时间大为缩短。

第二次系统才正式投入使用不到两年，第三次系统升级工作就逐渐展开。这时供应商、共同配送中心、门店、总部之间的联系网络已基本成形，升级改造加快了联系速度。POS系统增设了分析滞销品和畅销品的功能，POS机也有了双面屏幕，顾客与收银员可以同时确认商品价格和总价，实现了实时在线场景。另外，7-Eleven也通过更智能的POS系统开始推广预售，便当和鲜花都可以先行预约。

第四次系统升级于1992年完成。由于7-Eleven提供了第三方服务销售，比如煤气费、电费代收以及保险产品推荐，第三代系统无法将这类产品的销售囊括其中，第四代系统优化了供应商、共同配送中心、门店、总部之间的联系，同时也对POS系统加强处理，把门店内所有交易都置于系统数据内。

1997年，第五次系统升级开始，一直持续到2001年。期间7-Eleven经过慎重考虑，决定为消费者提供ATM机取款服务，但与银行合作的方案被否决，最后在2001年成立了只有结算功能的IY银行。这次升级改造完善了以卫星网络为基础的通信系统，7-Eleven内部以及跟供应商的联系稳定性和可靠性加强不少，门店新提供的取款服务也能通过POS系统实时管控。

2005年，7-Eleven对系统使用光纤全面升级，日本NTT通信株式会社为7-Eleven提供的光纤宽带服务让7-Eleven使用的商业系统传输的最低速度一下子达到10Mbps。第六次系统升级完成后，供应商所用终端的数据接收量达到每分钟3000条，是之前的3倍；数据中心到店铺的同步信息发送时间减少到3分钟左右，而之前起码是10分钟；店铺POS系统每天能接收并存储的数据达4000万个。这些性能上的大量变，让7-Eleven网络系统运营成本显著降低达30%。

系统升级，直接好处是提升了供应商、配送中心、门店、总部之间联系的流畅度，各方结成更稳固的利益共同体，门店与顾客之间的交换流动也跟着加快，使得7-Eleven门店成为一个信息高度集中的数据、商品集散终端。门店成为其他环节是否正常有序联结的最终反映，也成为其他环节后续反馈依据的信息数据来源。特别是经过第六次信息系统升级，现在日本每一家7-Eleven门店都安装了两条改良过的电话专线和一个卫星接收器，门店成为看得见也摸得着的数据库，在信息收集和传输上，既克服了距离的障碍，例如离城区稍远的门店，又防止了地震造成的信息中断，门店所有的交易信息都可以随时传到总部。即便到今天，技术更加成熟、成本也更低，7-Eleven这个系统依然让不少企业觉得高深莫测，一方面因为动辄上百亿日元的造价，掏空家底也用不起，另一方面驾驭系统需要的综合协调能力短时间内难以具备——CPU能力不足，要求太高，最后只会烧坏主板。

　　以门店作为实际终端的信息数据系统前期投入巨大，每次升级更新更是耗资不菲，但比起系统带来的甜头，物超所值。

　　首先，可以纯电子传输的数据，改变了供应商、配送中心和门店间的传统沟通模式，以前需要人工亲自收发指令、记录核对数据的原始时代成为过去。这一改变削减的人工、纸张、通信等成本总体数量不小，但不是最重要的，关键在于指令和数据的准确落实有了可靠保障，一个萝卜一个坑，每个环节的职责及责任人都很明确。

　　其次，由于每个门店的选址都经过详细考察和论证，各自主要面向的消费群体是确定的。通过POS系统，商品的销售数量、种类、时间，甚至某商品与其他商品的关联搭配都有了准确记录。虽然铃木敏文一贯强调销售数据只是今天的结果，对预测明天的销售是事后诸葛，但这很大程度上是有意矫枉过正，并没有否认销售数据的意义。事实上，门店可以根据一定时间内的销售数据，对相应时间内的销售计划做出预估，时间单位可以从小时扩展到年，甚至某几年为一个周期。以现有销售数据为基础绘制出来的图表，还可以让门店对之前的销售计划进行对比，验证所采用的市场策略是否奏效，也能让具有敏锐的市场感知力的店员脱颖而出。

通过信息共享系统，总部可以对任何一个门店进行同步分析。门店的交易信息经系统实时传输到总部，总部对新开发或特别关注的商品的销售情况进行筛选后，短时间内就能分辨出何种包装或产品更吸引消费者，为新产品研发和商品定价提供依据；对那些不在总部特别关注范围内的商品，如果自己争气，卖得不错，也很快就能引起注意，因为总部对门店的交易信息收集频率是一天三次，表现好的商品总会在某一次被挑出来。

虽然日本7-Eleven门店日平均营业额不错，但并非所有门店都是摇钱树，也有营业额比较低的。通过对某商圈内门店的销售情况进行集中分析，总部可以很明了地掌握各门店的营业额分布。对营业额较低的门店，如果原因在于地段等客观外在因素，总部可以考虑加大支持力度，或者在合适的时候迁移合并。反之，区域店铺顾问就该发挥作用了，帮助门店调整经营策略和措施，改善经营情况是顾问的职责。

以门店为终端的信息共享系统，还给了7-Eleven走在潮流之前的可能。一方面，当所有的生产、供应和销售、废弃数据汇总在一起时，消费者所青睐和无感的商品就能清晰地呈现出来；另一方面，畅销商品所具有的共同特点，滞销商品带有的可能缺陷，总部可以加以分析，也可以外包给对零售业有研究的第三方做专业评估。这些研究的结论通常不会出现根本性错误，畅销商品热卖原因一旦确定，后续研发的新产品就有了改进的方向。把这些特性进行有机综合，相当于对产品的基因进行改良，并结合社会经济大背景及所处时间和微观环境，生产出符合消费者心意的畅销品。

POS数据怎么用：存一份戒心

对劳动密集型的零售行业而言，商品能大卖特卖对增加利润自然是第一等好事，可在开源之外，成本尤其是人工费用能大幅削减的话，无异于开辟了新的利润流。

早在20世纪70年代后期，铃木敏文就已按下了7-Eleven向自动化、信息化升级的按钮，经过与日本电气几年的合作，7-Eleven1978年引入订货终端机，订货方式由原先人工记账进化到利用终端机读取商品条形码发送电传数据给供应商。这种技术在当时的流通行业绝对是革命性的创新，7-Eleven订货效率发生了质的改变，之前在订货上花费的人工成本几乎被腰斩。

但是，这个订货终端完全依赖于店员的使用，对订货的时间、数量没有自己的"见解"，即便是在某种畅销商品售罄，货架上空空如也，应该马上再次进货的时候，这个订货系统还是一声不吭。如果是在卖方市场时代，这个错误的后果还不算太严重，可如今买方时代的消费者并不愿意将就，只会买自己真正想要的，门店无形中丧失了提升营业额的机会，更给消费者留下"东西不全，去了也浪费时间"的印象。铃木敏文需要一种更先进和智能的系统，能够及时告知店员商品销售情况，并可以用数据提出建议。

在美国这个在当时引领风气的零售业帝国，铃木敏文接触到了刚普及开的POS系统（Point of Sales，销售时点信息管理系统）。刚接触到POS系统，铃木敏文就兴奋不已，这不正是自己梦寐以求的智能系统吗？每个时间点上各商品的销售情况都能了如指掌，一定时间段内的畅销品和滞销品清清楚楚。铃木敏文极其振奋，1982年，日本所有的7-Eleven门店都用上了这一神器，7-Eleven也成为日本第一家引进POS系统的公司，并在7-Eleven整个信息管理系统中居于核心地位。值得一说的是，美国的零售商们使用POS系统主要是为了防止结算错误，并最大限度地杜绝收银员在工作中可能出现的不正当行为，把POS系统用作采购和管理商品的工具，7-Eleven在世界范围内是第一家。

　　POS系统最直接的好处是看得见的——收银环节更高效且规范，每笔交易的金额、商品以电子化形式清楚无误地记录，后来投入使用的双面屏幕更让消费者有了流程可视化的感觉。利用POS系统，生成门店每天的经营日志，准确可靠，当天或一周、一月、一年等时间段的畅销品、滞销品、新商品、重点商品以及季节更替时的换季商品的销售情况再明白不过，门店所假设的经营状况和实际状况之间的契合度、所订立销售计划的完成情况、消费者对门店重点监控商品的认可度、"黑马"商品的畅销度等信息都通过数据直观显现。

　　另外，当这些数据与门店的临时库存信息、配送中心的商品储备结合，又马上成为一本无比透明的智能账簿。这时的订货画面上，门店不但可以看出店内临时库存是否需要再进货，某种商品是否卖完，如果卖完，是在什么时间售罄的等具体信息，还能借此马上做出反应。尤其是对售罄的商品，门店结合之前的订货数据和当天天气等状况，可以很容易判断出热卖原因。如果是因为进货数量过少导致断货，既可以瞬时再进货，也可以从商品具有的特性出发，推出可替代的更好选择。如果是因为天气或一些突发事件等其他因素带来热卖，门店也能在找到真实原因后确定下一批订货的数量。

　　对卖不出去的滞销货，POS系统也是不会有隐瞒的，订货数据和销售数据一对比，各种滞销品即无所遁形。门店得到这些数据后，通过ABC分析法，最受欢迎的A类商品、次受欢迎的B类品以及相对不受消费者待见的C类品就出炉了。根据这份榜单，门店对接下来的商品进购，起码在形式上做到心中有数了。7-Eleven的信息共享系统，目前已能根据销售日志进行自动订货，而且能向门店店长推荐可以加大订购力度的商品。7-Eleven旗下确实有门店利用这样的智能系统，听从最直接的POS数据，改变商品结构，实现一段时间内营业额增加20%的例子。

经过长期使用，铃木敏文对POS系统提供的数据从刚开始的绝对信任调整为将信将疑。出于矫枉过正的考虑，他在向7-Eleven上下传达如何利用POS数据的时候，反而一再强调对POS要保持警惕，毕竟，依赖POS提供的数据做决策很轻松，而透过这些数据挖掘更深层的东西，经营者或店员都未必会做得好。

一味借助POS的销售数据，用这种不掺杂感情因素的系统应对善变的买方，用经济学的老眼光看待心理学统领下的买方市场，能真正满足消费者需求吗？显然不可能。

POS系统提供了过去详尽而准确的销售数据，但只是历史记录而已，并不能自动生成消费者明天的需求数据。如果不对POS系统抱有将信将疑的态度，确实有经营者和店员受到数据的影响，误认为今天卖得好的商品明天一样能大展拳脚，完全参照已有的销量排名进购之后的货品，从而站在销售数据的延长线上。这样做，进购的部分商品短时间内也许会侥幸地误打误撞，对提升营业额有明显帮助，但经营者或采购商品的店员根本不知道商品畅销的原因。还有一个比较严重的后果是，畅销品一过了特定期限就成为滞销品，而被门店判断为滞销品的商品之前表现不佳，极有可能有另外的原因。门店最终会两头不讨好，既不能排除滞销品，也不能及时陈列畅销品，昙花一现的营业额马上增长乏力，进入零售业最忌讳的均衡缩小窘境。

便利统治世界：
7-Eleven的商业渗透

　　一个并未在市中心的7-Eleven临街门店，从地段上看并没有明显优势，但店长只是借助而不是一味听从POS数据，四两拨千斤，用一盒小果汁促进了整体营业额的增长。这家门店店长在分析POS数据时发现，某果汁饮料平时销量平平，只是在周末出现大幅增长。经过几个星期的观察，店长发现，周末是家庭短途出游的高峰期，由于自己的店临街，不少家庭在经过的时候都会停车买点出游必需品，尤其是一家三口出游，父母在买碳酸饮料的同时，会特意给孩子买这种百分百纯果汁的饮料。这种纸盒包装的饮料配有吸管，而且体量非常适合孩子短时一次性饮用，比瓶装饮料更易携带。于是，这家门店特意在周末多进这种饮料，销量一直很好。这个结果如果单靠POS数据而不加分析，自然是难以实现的。如果在工作日依然进购很多果汁，销路自然不会好，工作日的POS数据也不会让门店有为周末多购进这种饮料的冲动。

　　另一个位于市中心商务区的7-Eleven门店，对POS数据进行了更细致的分析。这个门店的区域顾问在查看POS数据时，看到门店的色拉销量总体不错，中午是个高峰，但早上也不算逊色。区域顾问跟店长说明了这个情况，店长又和店员做了更细致的观察，他们发现早上有许多年轻女性会在上班路上特意来购买色拉。据此，门店马上增加了早上色拉的供应量，结果皆大欢喜，因为这些年轻女性出于瘦身和健康的考虑，不但会购买色拉作为早餐，也会提前买好放到冰箱里作为午餐。可见，没有对POS数据的深入认识，仅以早上和中午的销量对比的话，门店很可能更加偏重中午色拉的供应量，自然也就会在早上出现更多的机会损失。

　　总体上看，POS系统给经营者提供的便利在于——看到畅销的商品就多进货，卖不动的就少进或彻底不进货，铃木敏文对POS系统抱有戒心，很大程度上就在于此，担心经营者成为从POS数据上找安全感的提线木偶。

不少商品的销售时间都会在事前确定,一旦过了这段时间,商品往往下架,依靠这样的销售数据确定下一步进购计划,常会对后续产品形成阻滞,无法开发新的销售增长点。而所谓的滞销品,很可能来自一种让人啼笑皆非的原因:这种商品本来很畅销,只是出现了断档脱销的情况,POS系统很自然地把这种商品归入卖不动的滞销品行列。对不能过重倚靠POS数据更实际的考虑是,一个门店的销售情况反映的消费者真实需求是很不全面的,一定区域内其他零售店的销售情况或许与本门店的大相径庭。如果不对消费者的真实需要进行揣摩,一个门店常会因轻信POS系统而产生误判,没能提供消费者想要的,却大量提供他们不想要的,无数次失去大大小小的商机。

小心假设,大胆进货,销量验证

卖什么,消费者就买什么;消费者乐意买什么,就卖什么。结果是都卖了出去,背后运作的却是两种截然不同的逻辑,前者是卖方时代的消费者没选择的不得已,后者却是买方时代的卖方把准了消费者脉搏后你情我愿的结局。

7-Eleven成立40多年,规模不断扩大,从创业初期,铃木敏文团队就开始坚定不移地推行温情路线,致力于提前搞懂顾客要的到底是什么,设身处地假设顾客所需,再以销量检验。这一工作流程就是与单品管理共同成为支撑7-Eleven的柱石之一的"假设—验证"。

"假设—验证"并不神秘,就是预想顾客之所想,预急顾客之所急。市场上以此为口号的公司多如牛毛,广告也铺天盖地,都标榜自己的产品和服务经过认真调研、精心策划，保证一定能给消费者带来惊喜。然而，最终结果却是大相径庭，有部分企业确实做到了，而更多的只会让消费者大失所望。

为了直观地说明"假设—验证"，铃木敏文不厌其烦地把"海边小店的梅干饭团"思路灌输给7-Eleven员工，这个"饭团"的工作思路具体如下：

小镇通往海边码头的路上，有一家7-Eleven门店。在一个适合垂钓的周末，天气预报显示第二天天气晴好。照一般便利店的运作步骤，有这些前提条件，接下来的工作将会按部就班地安排，而以"假设—验证"为指导思想的7-Eleven则不尽然。负责饭团、便当采购的店员应当考虑到，来垂钓或划船的人在周末会比平时多，这些人喜欢休闲，自己在家做好午饭后带着去钓鱼或划船的人不会占太大比重，从商店里购买可直接食用的食物是最佳的选择，饭团又最可能是他们的首选。再考虑到第二天的天气状况，气温会让这些钓客更喜欢不易腐坏和变质的食品，梅干饭团就具备了这些条件。

采购员进货的时候采买比平时更多的梅干饭团只是"假设—验证"中的一环，门店还必须考虑如何让梅干饭团真正被钓客们接纳。这时，在售卖梅干饭团的货架上摆上大小适当的广告牌，写明梅干饭团将是午饭最佳选择的理由，那么这些钓客就算一开始想买别的，也极有可能临时改买饭团。更重要的是，顾客在得到满足的同时，会对门店周密细致的考虑留下深刻印象，从头回客变成回头客。

周末、垂钓、较高气温这几个因素让梅干饭团成为货架上的热卖品，一旦条件改变，假设也就应"见风使舵"。比如天气预报显示第二天多云或气温下降，那么钓客在选用能一边钓鱼一边享用的食物时，虽然还是饭团，但会更偏向于口感浓郁的什锦或香煎类型。

在这一思路指导下，7-Eleven门店进的货品适销对路、开发的产品好评如潮的案例也就接二连三地出现。

每年春季的黄金周都是日本人最喜欢出游的时候，位置在住宅密集区的7-Eleven门店一开始承受了不小的冲击，每天的营业额在那几天会出现较显著的下滑，因为便当、饭团的老主顾都出门了。

东京的一家7-Eleven门店在黄金周前，有店员做了这样的假设：长假期间，门店面向的主要顾客少了，留在家里的老年人不少，他们可能也很少有精心做饭并很规律地享用一日三餐的心思，但他们是不是就忽略了健康呢？当然不是。那段时间这家门店推出一种外面是果冻，里面是各种新鲜水果的甜品。虽然7-Eleven并没有为这种产品大做广告，产品研发人员也没对该产品抱很大希望，但一个店员对这种产品动起了脑筋。他在减少便当、饭团陈列面积的同时，为这种果冻产品开辟出另外的空间。当这种色彩各异的产品堆积在一起时，意想不到的效果发生了，店里突然增加了一种很强的热闹气氛。进入门店的顾客，大多会被吸引，加之价格很亲民，每个才150日元，果冻产品的销量直线上升，该单品平时日营业额不过2000日元左右，长假期间竟然有门店突破了10000日元。更重要的是，买这种果冻产品的顾客，跟之前的假设很吻合，老年人居多。

后来，同一区域的另一个门店，有勤工俭学的学生店员深受"果冻假设"的影响，另辟蹊径，开发了新的增长点。这个学生的目标对象是长假期间的"留守爸爸"。在他看来，这些留守爸爸不一定能开火主厨，晚餐就成了不大不小的问题。这个学生想到了即食咖喱，特意采购了多个品种并集中专卖，显著提升的营业额说明了他假设的正确性，买咖喱的顾客的性别年龄特征也同样能做出证明。

这些成功的假设有一个共同点，即都发现了移动"注意的鼠标"的重要性，如果不带着切换思考焦点的态度，注意力就集中在已经卖出去的产品和正在热卖的产品上，忘了或者根本不能预测明天的热销品，门店就会进入均衡缩小的怪圈。

消费者或许有一定的品牌忠诚度，但对一种产品，过了"热恋期"，产品带来的惊喜和满足感基本消耗殆尽，很难再产生新的热情。一段时间内热卖的产品到了一定时间点出现遇冷情况，不是产品本身出了什么问题，而是消费者的期望已经水涨船高。卖方一旦停留在成功销售的喜悦感中，销量遇冷就会惊慌失措，对卖不出去的商品耿耿于怀，自然再难腾出精力思考明天和后天给消费者提供什么样的商品和服务，销量越少，进货的动机越迷茫。

要让卖方注意力从看得见的废弃损失转到看不见但更重要的机会损失上来，比较有用的办法并不是正面直接引导，而是换个角度，让卖方看到保守心理带来的危害，再引导卖方看到从被动防守到主动假设向市场发动进攻带来的好处。

一家位于东京某住宅区的商业街里的7-Eleven加盟店的店长，曾是一家大型超市连锁店的店长，这家地理位置优越的便利店本应有更大的作为，但在开业后的一段时间内，由于店长抱着在超市工作时候的老办法不变，对"进货就一定要卖完"的观点十分执着，门店进货的量都尽可能少。这样的结果是，对副食类商品有较高期望的单身上班族和学生没多少选择余地，店里的商品总给人感觉像是卖剩下的。店长并未考虑自己面向的主要消费群体，也很少对进货的种类和数量进行深入思考，只急着把店内的商品卖完，却越急越"见鬼"，就算在快打烊前降价甩卖，效果依然很差。

负责这一片区的7-Eleven店铺顾问多次向店长建议改变现有进货方式。眼看营业额原地踏步，甚至还有倒退趋势，店长这才决定"死马当活马医"。这个店长对自己采用的销售方式做出改革，仔细分析门店所在商圈的情况，预测销量会比较好的商品，丰富品种，增加数量。店长还一通百通，采用了关联陈列，把顾客可能会组合购买的商品摆放在一起。在预测和关联的双重假设努力下，该店营业额大幅增加。营业额和自信双丰收的店长，尝到合理假设带来的甜头，一发不可收拾，真正把"假设—验证"提到关乎门店存亡的经营理念层面，也一次次将理念转化成了看得见的营业额。

综观7-Eleven内部这些成功案例，总体上并不需要如何别出心裁的创意，都是重新审视之前的经营情况、经营心理和应对措施，在问题意识的催化下，结合可预见的变化，主动思考接下来顾客的可能需求。当各种推测和假设进入实施环节后，以产生的结果对其进行验证，看与目标是否吻合，目标意识随即跟问题意识完成对接，一些脑子一松就会白白错过的机遇起死回生，创造出额外的收益。

"假设—验证"强调的只是"联系""发展"两个耳熟能详的概念，但对商战取胜的巨大促进作用让它成为7-Eleven手里永不贬值的硬通货，也让7-Eleven对永远快人一步的目标充满底气。

如何做到畅销不断货，滞销无库存

畅销不断货，滞销无库存，这一销售的理想状态想必是不少零售商梦寐以求却又无可企及的，7-Eleven当然也不例外。

对畅销和滞销，铃木敏文的看法是，让商品畅销是商家的天然使命，商品总是出现滞销则是咎由自取。一些商家以"整体经济不景气，消费者捂紧钱袋"为由，在商品出现滞销时归咎于宏观形势的自我安慰，铃木敏文明确表示反对，因为"造成产品滞销、生意萧条的原因只有一个，即现在的工作方法已经无法满足时代和消费者需求的变化"，而7-Eleven业绩逆势上扬也给他的主张提供了最坚实的依据，一些商品在整体形势并不好的背景下，经过改进，配合新的营销手法，在万马齐喑的市场上依然表现抢眼。

进入2000年后，日本国内的便利店品牌和数量呈现双增长趋势，不同品牌之间各显神通，竞争十分激烈。7-Eleven虽是日本便利店的旗舰品牌，但其经验和措施很快就被其他品牌的便利店现学现用，在资讯通达的年代，几乎没有哪家能靠着所谓的经营秘密一家独大。就拿饭团来说，品牌连锁的便利店之间大同小异，种类大家都有，味道也无限趋同。面对整体通缩的经济形势，不少便利店都在价格上动起脑筋，纷纷以廉价策略诱使消费者从口袋中掏出钱来。短时间内有一定效果，但不可持续，过不了多久饭团又会进入无休止的滞销状态。因此，当产品研发负责人向铃木敏文进言，开发更低价格的饭团，用前所未有的低价撬动消费市场时，铃木敏文却反了过来，指示产品研发部门开发高价饭团。最终，价格上比一般饭团高了近2/3的特色饭团横空出世。在这款热销产品的带动下，7-Eleven当年的饭团营销额比上年的增长率提升高达两位数。

事后，铃木敏文对自己的思路做了解读：当饭团出现滞销后，首次以低价冲击消费者，消费者能体验到之前没有的新鲜感，愿意尝试，如果商家还是一味降价，消费者的想法是商家已经黔驴技穷了，再无购买冲动。开发品质更高同时价格也更高的饭团，一方面是以另一种新鲜感刺激消费者，另一方面给消费者提供更好的商品，这才真正挠到了消费者的"痒处"。对消费者来说，商品滞销责任全在商家，因为商家没能提供令自己产生购买欲的好商品。相反，只要商品能带来新鲜感，同时质量可靠，就算价格比同类商品要高，消费者也愿意花钱体验。

之后，当铃木敏文深度参与了对伊藤洋华堂的业务改革后，所见所闻更明确了他对商品畅销和滞销的认识。

当时，伊藤洋华堂旗下的大超市在经营业绩上渐呈下滑趋势，究其根由，超市之前的经营经验已经落伍，而超市还没能在改变原有思维上实现自觉。有一段时间，穿白色衬衫成为一时风潮，但伊藤洋华堂的超市对此并不敏感，卖场内也没有为白色衬衫开辟更大的展卖区，衬衫专卖区依然均匀用力，各种颜色、花色的衬衫把白色衬衫湮没在商品堆里，既没能让白色衬衫凸显出来，其他色式的衬衫在销售额上也并无出色表现。如果观察得更具体些，岂止颜色和花色，这些衬衫在尺码上一样在吃"大锅饭"，甚至那些大尺码的特殊尺寸，也堂而皇之地占着一整个台面，根本就是在挤占畅销尺码的空间，畅销的尺码常断货，特殊尺码即便滞销，也堂而皇之地占据着有限的台面。

畅销品和滞销品错位并不只是特例，以服装起家，如今声势赫赫的优衣库也未能避免，好在优衣库及时改变销售策略，将滞销商品淘汰，才躲过一次危机。

牛津纺衬衫是优衣库成功研发的畅销产品，但这个系列的产品在销售额上也存在颜色和尺码带来的差别。衬衫上市一段时间后，白色和蓝色很快脱销，M号的衬衫很受欢迎，特别是白色M号，卖剩下的尾货也很快被一扫而空，其他颜色的就算是削价70%也少有问津。衬衫销售负责人和卖场经理在面对其他颜色和尺码滞销带来的废弃损失时，一开始也是一门心思要先把这些滞销品清仓，再考虑进购更多的畅销颜色和尺码，这种要消费者买自己不喜欢商品的希望毫无疑问落空了。直到负责人转换思路，将滞销的商品放在一边，让畅销的商品占据更大台面，整个牛津纺衬衫系列的总销售额才又有起色。

由于消费者更多是看心情购物，对某种商品是否能畅销，没有谁能在事前做出准确预测。对此，铃木敏文的建议是，卖家应该与生产厂商加强沟通，先少量生产，投入试销，看试销结果决定是否正式投产。有人会建议先搞市场调查，根据调查结果做决策。铃木敏文对这种想法并未完全否定，但对这种调查的成效表示深深的怀疑，因为调查者本身的水平不高以及调查对象总是不愿说真话，导致现在的调查得到的大多数数据都不足为信。比起先花费大量成本调查、分析，然后下注似的生产，试生产再试销的风险小得多，而且只要动作上不太过迟缓，还能根据市场新变化做出调整，以期更加贴合消费者的需要。

日本高端超市成城石井有名的一款畅销品——拉维利埃葡萄酒，就是经过试销后再扩大生产的经典商品。

这款产地在法国波尔多安德尔·杜·梅尔地区的葡萄酒，售价一直比较稳定，每瓶售价在1500日元左右，是成城石井超市葡萄酒负责人遍访波尔多红酒生产商，尝过无数红酒品牌后确定的适合日本人口味的产品。虽然这位负责人对这款葡萄酒的整体表现很自信，但并未盲目与生产商达成过大的生产合同，负责人先预订了4000箱葡萄酒，每箱12瓶。经过恒温保存的葡萄酒通过海路运到横滨，进入有温控的仓库后，再用保温车分送到超市的各个门店。这款葡萄酒果然被日本消费者喜爱，48000瓶葡萄酒在几个月的时间内就尽数卖完。

得到市场鼓舞的负责人和超市信心大增，与波尔多的这家葡萄酒生产商达成供货协议。第二年，生产商提供了更多的葡萄酒，并进一步扩大产量，增加了葡萄种植面积和生产设备。合作第三年，生产商就为成城石井提供了8000箱葡萄酒，如今每年最低供货10000箱。也就是说，虽然每年有12万瓶的销售任务，成城石井却几乎没有多大压力，这款葡萄酒一直畅销，在供需平衡的前提下，基本实现了畅销不断货。

零售业另一个显著特点是，畅销品和滞销品常会发生角色互换，当然更多的是某商品前一秒还高踞畅销榜前茅，转眼间就被消费者打入冷宫。出现这样的反转，事前或许会有些蛛丝马迹，但除非极为高明的经营者，一般难以发现，即便发现了也很难做出有效的应对。不过，灵活的生产体制可以把这种反转带来的不利影响降到最低，比如一条生产线可以生产多种商品，拥有多条生产线的厂家可以根据不同商品的销售趋势调整接下来的生产量。要做到这一点，直接的卖方，尤其是便利店，就必须特别注意与生产商保持沟通联系，双方不但要有长期合作形成的默契，便利店尤其需要生产商对自己经营理念的理解和支持。

　　日本著名品牌无印良品对商品的畅销和滞销把握得很巧妙。

　　曾经，无印良品在面对畅销和滞销的时候跟大多数商家一样，总爱找些宏观理由为自己开脱，也偏重减少看得见的废弃损失，对影响更大的机会损失睁只眼闭只眼。但随着无印良品自身经营再建活动的展开，原先大量的库存积压成为必须解决的问题。无印良品最终选择了试销。经过与生产商的深度沟通，无印良品把生产数量确定为计划数的一半，上市后热卖的不但要完成计划生产数，还视后续情况追加生产。对上市后不温不火或者实在没销路的产品，马上终止生产计划，并在营销上下功夫，最大限度地减少这类产品的废弃损失。

　　畅销品就踩油门，滞销就踩刹车，既减少了不必要的库存量，又能保证总体上销售额的稳定增长。

第三章　心理轴：大买卖交给心理学

价格战是个伪概念

　　卖家的一切活动，表面上都是为了销售，实质在于说服。排除垄断等因素影响，价格、质量、服务是卖家说话最常用的竞争手段，投机取巧的卖家不重视质量和服务的提升，只喜欢用简单粗暴的降价竞争，再加上媒体推波助澜，价格战就成了部分生产商和零售商的"万金油"。所谓价格战本身的内涵及其带来的后果，已经是笔糊涂账。

　　每次世界范围内的经济危机发生，零售业遭受的损失不一定最大，却是最容易观察到的。为了挽回颓势，一部分零售商秉持"经济危机下人们不愿意花钱，所以喜欢廉价品"这一逻辑，持续推出降价销售活动。采取同样策略的卖家一多，媒体就帮着"开战"。但是，这样的战斗一定要打吗？有必要打吗？

　　2011年，最近一次经济危机的后续效果逐渐显现，正是"前景不明朗、不确定，消费者不愿花钱"的年代，按照价格战的逻辑，此时零售业尤其要依靠降价促销来保证销售量，而7-Eleven再次以事实回击了这种片面的论调。同年12月，7-Eleven与三得利集团合作开发了一款新的罐装啤酒。这款啤酒百分百使用精选的麦芽原料，每罐350毫升，定价为138日元，而同期不少零售店里同样容量的啤酒售价不超过100日元，在降价策略下价格更低。7-Eleven将门店最佳位置留出来，并加大宣传，强调这是7-Eleven的诚意之作。结果，1个月的时间就完成了原定3个月的销售计划。

消费者不是不愿花钱，是因为"前景不明朗、不确定"，每分钱都想花出价值感，有理由定较高价位的商品，他们依然愿意买账。这款啤酒再次验证了铃木敏文的论断，"如果用'经济学'做不成买卖，就用'心理学'好了"。而欧洲经济管理学院金诚教授直接否定了形形色色的价格战——成功的创新者不会让成本决定价格，他们会根据市场决定的策略价位，为成本定目标。这样一来，就只有卖方根据实际情况进行一定幅度的降价销售，价格战就成了个伪概念。

不合理的低价，在经验老到的零售经营者和专家眼里，不过是零售商的麻醉剂。这种做法降低了销售单价，数量增加，利润变薄，总体营业额却不一定有大幅增长。曾担任日本九州大型综合药店总经理、高端超市成城石井总经理，后任职7-Eleven食品部经理的大久保恒夫，通过长期研究发现，零售业内通过打折降价成功增加销售额的例子极少，个别小商店短时间内销售额出现小幅增加，持续时间也只能维持3个月到半年，随后就陷入低迷状态。由于零售店的销售额大部分来自固定客户，不能增加面向这部分客户的销售额，整体销售额也就难以持续增长。降价销售可以激发固定客户的购买兴趣，也能让原先不到自己门店的顾客动心，但是靠价格争夺到的顾客，也会因价格再次被夺走。对规模不够大，实力不够雄厚的中小零售店，最好还是对价格战这样的体力消耗战敬而远之。放到一定区域，价格战对整个零售业都是一种伤害，因为短时降价是种寅吃卯粮的行为，提前透支下一时段的销售额。比起稳健的销售路线，价格战提升销量，却在总体上削减了销售额。

认清价格战的本质，不是为了在消费者日益挑剔的今天不作为。

其实，随着技术的进步，成本进一步降低，适当的降价是必需的。另外，为强化与消费者的情感交流，以降价形式回馈市场有其必要性。对卖方自己，合理的降价促销也是推动供应链顺畅运转，淘汰滞销品，发现并引入畅销品的有效手段。长远打算，零售商就不该打价格战，有降价举措也应该是主动选择，每一步都要稳扎稳打。

从成立至今，日本7-Eleven很少以低价产品示人，卷入媒体所鼓吹的价格战就更没出现过，但并不是说他们完全忽略了价格的杠杆作用，而是通过合理组织、改进技术实现成本削减，最终反映到售价上。

从1998年和著名生产商好侍（House Foods）合作，7-Eleven部分食品和小玩具等商品在价格上就出现了较明显松动。好侍答应为7-Eleven开发便利店专有商品，为此专门成立了由好侍的社长牵头，约20余名成员的生产小组，全力投入产品开发。这种方式前期投入较大，但步入正轨后，由7-Eleven和生产小组共同确定开发方案，目的明确，互不掣肘，开发、生产流程驾轻就熟，成本自然而然降了下来。上架的低价商品，7-Eleven以两个月为最长销售期限，过期就撤货，就算还有销售可能性，也不会延长。由于7-Eleven实行定价销售，不会像超市一样在后期大幅杀价，生产商的风险降低了，而且固定销售期限，让生产商更容易制订生产计划。比起通常的进货渠道，生产商和零售商共同开发的模式能让商品的毛利率平均提升10%左右，这就为降低销售价格准备了空间。又因为是在7-Eleven门店购买，消费者购入这类产品时产生的超值感又增加了，同时也提升了对7-Eleven的忠诚度。

在技术方面降低成本一时办不到，但并不意味着就没有以相对低价实现销量和销售额双增长的办法，以成本为前提，进行倒推式的新品开发就是非常好的思路。这方面中国台湾7-Eleven做了很好的表率。

2001年,台湾7-Eleven推出了40元台币的"国民便当",当年就创造了9000万份盒饭的销售天量,一举占领了台湾地区外食盒饭市场12%的份额,各种煮品、饮料,还有高价盒饭的销售业绩比起上一年都增长了6倍。这款低价产品取得了非常大的成功,却跟所谓的价格战毫无关系。

国民便当的研发并非一帆风顺,它的前身其实早就推出过,但消费者不买账。经过调查分析,台湾7-Eleven找到了症结:便当是主食,里面的配菜每天都一样的话,消费者是不会持续购买的,而且这时的价格跟其他便利店没有明显不同,无法形成诱惑力。台湾7-Eleven随即对症下药,将这款便当的配菜增加到了10种,价格确定为55元台币,跟一般盒饭60元台币的价格比,低是低了点儿,可差距也不算大。另外,这款便当属于微波食品,跟新鲜盒饭比,血统上就吃了亏,价格不低到一定程度就毫无号召力。时任台湾地区7-Eleven总经理的徐重仁把便当的售价定到了40元,消费者购买不觉得吃力,也不存在价位过低而品质得不到保证的担忧。

价位通过了,但7-Eleven采购部门难以接受,部门负责人认为,按照现有方案,做出来绝对是笔赔本的买卖。一边是极具吸引力的价格,一边是无妥协余地的成本,台湾7-Eleven开始逆向思考,最后达成的方案是在菜色上由10种减为7种,同时在各生产环节上进行严格把控,降低损耗。

很快,便当重装登场,马上掀起了抢购热潮,在广告还未投放的第一个月就狂卖150万份。另一个重大改变是,之前便当主要的购买群也由上班族和学生族向其他群体扩散,一向对7-Eleven商品价格抱有怨言的家庭主妇也出手了,原本宁愿自己做饭吃的老年人也对这款便当表示了极大的兴趣。家庭主妇的改变是有理由的,这款便当的低价直接挑战了"在家做饭更经济实惠"的老观念,而且7种菜色足

便利统治世界：
7-Eleven的商业渗透

够满足口味需求，自己做的不一定有这样的味道，吃完还不用洗碗收拾，简直太周到了！

对较为常见的折扣、奖励、均一价销售，7-Eleven偶尔也会使用，但前提是这样的促销不会对7-Eleven整体形象产生冲击，该矜持的时候还是要端着。

"100日元饭团"是日本7-Eleven比较受消费者青睐的降价销售方式，效果也不错。活动期间，平时售价低于160日元的饭团和手卷寿司都降价到100日元，160日元以上的价格统一为150日元。比起全品八折的形式，"100日元饭团"在各种饭团上的折扣率差别极大，平时卖150日元的鲑鱼子饭团和105日元的海带饭团在零售里简直是天壤之别，而平时就卖100日元的咸味饭团自然是毫无优惠可言。这种降价带来的销售额却是很可观的，比其他零售店打折促销带来的效果更好，原因就在于，消费者既想占便宜，又不愿在购买时动太多脑筋，金额表示法比打折促销直观多了，也更容易选择。

无论哪种降价方式，最忌讳的都是质量和服务的同步打折。剥夺了消费者体会满足感和价值感的商品，与其勉强销售，不如直接放弃。

营销不是卖力就好，而是借巧劲儿

1998年，伊藤洋华堂再开促销新例，将商品消费税折算成点数，返还给消费者，再次购物时即可用点数冲抵相应金额。其他卖家纷纷跟进，一时间到处都是点数大战，不过各家实施返点促销的效果却并不一样，就算是7-Eleven同一商圈的不同门店，促销活动期间以及活动结束后的表现都有不小差距。

在这次促销活动中，一家7-Eleven门店在多方面都做了充分准备，备货尤其充足，活动期间上门的顾客数量比平时大为增多，这里固然有消费税返点的因素，但门店充足的储备和较优质的服务也帮了大忙。很可惜，活动过后这家门店的营业额有了显著下滑。铃木敏文了解后得知，这家门店在上一个销售年度的业绩也一般，特别是米饭销量一整年都没什么起色。

门店借这个活动发了笔小财，但也就仅此而已，因为零售并不是动辄成百上千万的买卖，对一个门店更是如此。平时的功夫没做好，营销活动就会像是打兴奋剂，小高峰之后的疲态足以冲淡之前的兴奋，而且对长远的发展极为不利。能给消费者带来一定额外满足感的营销还好，如果营销活动，包括为营销造势而搞的宣传未能立足门店实际，与门店能提供的商品和服务脱节严重，营销搞得越好，对门店和企业整体的损害就会越大。门店若平时在鲜度、商品齐备度、整洁干净度、亲切贴心上执行得不彻底，好形象不能稳定地呈现，无论在某次营销活动中搞得多花哨热闹，都会对消费者产生负面效果。

还有一种情况是，营销活动一样很热闹，就是连上文中提到的门店也自愧不如，但销售额就是不见长进。

情人节这天送巧克力也是日本年轻人的风尚，7-Eleven门店会在情人节搞巧克力促销活动，这时候门店在顾客心中的地位和形象的不同就会带来销售额上的天差地别。平时就注意形象的门店，登门来买巧克力的顾客数量很多，就算活动的优惠力度不大，也无碍他们的热情。反观在活动营销上很卖力，平时却对经营敷衍了事的便利门店，明明促销力度不小，就是不能招徕更多的人登门。就算是只送给普通朋友的义理巧克力（指不含恋爱意味的巧克力），有购买需要的顾客也更愿意选择平时就给他们带来更好印象的门店。不明就里的人会觉得奇怪，实际出现这样的反差才正常，平时就敷衍了事的店无法在顾客心中形成价值，也不会给消费者带来愉悦感。巧克力这种带有特殊含义的产品，往往寄托着人们美好的情感，承担着传递情谊的功能和使命。在消费者心中，形象不好的门店没资格售卖这种产品。

当然，产品靠得住，服务跟得上的话，营销手法越丰富，越带有正面创新性，效果自然越好。

经过多年经营实战，7-Eleven积累了不少吸引顾客的技巧，这些技巧成为7-Eleven并未刻意宣传的营销手法，效果却非常好。

第一种是消费者实态调查。这种以调查为名的营销，目的在于了解一般民众到7-Eleven消费的情况，发掘门店可以增加的功能和服务，并比较7-Eleven与其他便利店之间的异同。这项调查样本量在1000人左右，16~60岁的消费者均能成为调查对象，老少咸宜，男女不限。调查中，通过向调查对象询问对便利店营业时间、商品陈列、结账环境、门店气氛、店员态度方面的印象，无形中将7-Eleven所具有的全年无休、单品管理、亲切服务等优势推介给潜在的消费者，在调查对象心中楔下"购物就到7-Eleven"的"钉子"，调研和宣传同时就做了。

第二种是购物评分。为了真正了解门店平时的运营情况和服务水平，7-Eleven设立了神秘购物者制度，购物者人选大多来自普通消费者。这些购物者不定时出现在门店，停留时间在10分钟以内，店员的仪容、态度、说话艺术、服务水平、主动工作意识都是这些购物者打分的项目。对这些神秘购物者，7-Eleven仅须提供象征性的奖励，甚至有消费者主动请缨，不要奖励，只为体验。

第三种是商店形象竞赛。如果说前两种主要面向消费者展开，那么这种竞赛就是7-Eleven内部的一场演出，观众就是消费者。每个季度，7-Eleven都会组织一次门店大评比，具体方式由总部根据实际确定，但竞赛内容基本相同，一部分是商店形象，包括门店外围、外观、柜台区、自助区、设备等，另一部分是内部管理，包括报表、现金流、档案等。对竞赛中表现优异的门店，总部提供奖金，并将这些门店列成名单，向市场公开，让这些门店成为7-Eleven不用投入更多成本的现成招牌。

在这些比较温和而沉默的营销手法外，7-Eleven对一些传统的营销手段也会善加利用，尤其注重把握时代潮流。这方面又特别以香港7-Eleven为代表。

2003年12月，电影《无间道Ⅲ：终极无间》即将上映。由于《无间道》系列电影拍得非常成功，之前的《无间道》无论在票房还是口碑上都堪称杰作，香港民众对将要搬上荧幕的《无间道Ⅲ：终极无间》极其期待。嗅到大商机的香港7-Eleven，在电影还没上映前就推出了"无间比萨"，打的广告语是"黑白两道，更好味道"。这种比萨以意大利肠、粟米、吞拿鱼、洋葱和紫菜作为馅料，在原来正反一样的比萨面上略做改动，一面凸显黑，一面凸显白，售价却十分公道，依然跟之前普通比萨一样，只卖9.9元港币。不用说，这款比萨没费什么力气就成了畅销货。

香港7-Eleven生怕对电影的流行元素利用不充分，除了比萨，又亮出了一项对消费者来说更有诱惑力的赠品——《无间道Ⅲ：终极无间》的超型八达通年历套和影碟。影碟因其珍贵，数量少一些，但年历套里的独家剧照珍藏卡也足够诱人了。凡是在12月购买比萨的顾客，包括一般的比萨，都有可能得到年历套和影碟。比萨的营业额显著增加，7-Eleven的知名度也得到了稳步提升。

香港7-Eleven的营销还关注在平常就能运用的技巧。在"以有限空间售卖无线产品"的指导思想下，香港7-Eleven推出了《Micro Shop24小时买物志》。这本目录就像是7-Eleven的"召唤兽"，列出了7-Eleven门店内通常不会直接售卖的电饭煲、MP3、水晶链，甚至是电脑等产品，只要顾客需要，直接跟7-Eleven门店内的店员联系，列出所需商品以及数量，再在门店内完成交款，接下来门店负责安排香港本地贸易公司Micro Shop将顾客指定的商品送到约定地点。这份目录甫一推出，就有一位顾客一口气买了2万元港币的电子产品。

  为让消费者感受到7-Eleven也是有人情味的，香港7-Eleven还会在每年7月进行一连串的优惠活动，最著名的当数2000年那次"万元大回馈"活动了。现在看来这类回馈活动没什么稀奇，街上天天有公司在搞，但在2000年的香港，并不是任何一家公司都有这样的执行力，尤其是对回馈金额达到万元级别的营销。大回馈活动在7月11日进入高潮，尖沙咀金马伦道的7-Eleven门店成为疯狂大扫货的主战场，所在商圈大有万人空巷之势，来扫货的顾客都尽兴而归。7月间购物满15元港币的顾客，即可参与抽奖，每天都会产生获得各类音乐会入场券的幸运儿。在这样的营销活动里，7-Eleven和消费者都玩得尽兴，无意中强化了双方的情感纽带。

有价值感，消费无痛感

  一手交钱，一手拿货，当消费者来到收银台，他们会马上成为一架超级智能的"天平"，钱和货是否等值，已经按照自己的标准做了判断。觉得物超所值，并且之后的使用体验好，这样的消费者基本上就可以成为卖家的回头客了，反之，卖家就只有"头回客""一回客"，口口相传，卖家口碑越来越烂，很可能关门歇业的时候都还在莫名其妙。卖家覆亡的原因很简单，消费者花钱没换来应有的价值感，只有一阵阵的痛感。消费者看得见的商品和感受得到的服务环节自不消说，7-Eleven对此呕心沥血，对消费者看不见的生产、物流环节一样花功夫深耕，就是为了给消费者带来满足感，让消费者产生"到7-Eleven消费就是好"的价值感。

7-Eleven逐渐重视多样化的广告宣传手段是在进入2000年后，之前除了一些搞活动必须用到的促销海报，7-Eleven很少大张旗鼓地通过报纸、电视等媒体为自己宣传。

发生这样的改变跟时代变化大有关系，消费群体的变化也向宣传提出了新要求，年轻的消费群体也不再满足于以钱易物的单纯交换，更希望能从消费中体会到情感交流，让每一次交易都能有一点传统商业和市场不能提供的东西。

一方面在于7-Eleven这样的便利店不再是年轻人和上班族的专属，日本社会老龄化的加剧让需要自己考虑饮食起居的老年人不断增多，为减少麻烦，他们也希望市场上能提供更多的便利服务，自然而然也就成了7-Eleven新的消费生力军。电视是老年人生活中较为常见的信息接收媒介和排遣寂寞的伴侣，电视广告显然是7-Eleven与老年人进行先期对话的最佳工具；另一方面，虽然很多家庭主妇听说过或者在7-Eleven消费过，但不得不承认，7-Eleven的商品价格是比大超市和同类型商店要贵一些，想要让7-Eleven成为对价格十分敏感的家庭主妇的第一选择，首要任务就是加大宣传，向家庭主妇传达7-Eleven物有所值的理念，转变她们的消费观念。

2004年，在7-Eleven成立30周年之际，电视上出现了多则7-Eleven广告，其中3则以浓厚的温情氛围，用消费者的体验向市场传达在7-Eleven消费的不同价值感。

第一则广告是"目的—心情"篇。一名男性顾客走进7-Eleven，忽然，他在收银台前止步，自言自语道："我是要来买什么的？"正在打扫卫生的女店员应声回答:"您想买的是不是一份好心情呢?"男性顾客道了一声谢,就转身离开了。这时,屏幕上出现一句话:"你觉得,7-Eleven是?"

第二则广告带了些童话色彩,更显浪漫。一对情侣来到7-Eleven,男孩忽然指着窗外的夜空,说:"我想把右数第三颗星星送给我的女朋友。""配货要花一些时间,您愿意等待吗?"这对情侣含情脉脉地对望一眼,女孩说:"没问题!"屏幕上再次出现"你觉得,7-Eleven是?"这句话。

这两则广告,比较好地传达了消费者到7-Eleven购物的价值感,在优质产品外,7-Eleven一是有亲切贴心、能给人带来好心情的服务,二是为顾客而生,顾客有需求,7-Eleven就会想尽办法让顾客得到满足,虽然是零售店,一样能实现高端的私人订制服务。

对7-Eleven这样已经聚集起一大批忠诚消费者的卖家来说,最容易犯的错误就是受制于过去的经验。而提到要不断保持变化,跟上顾客和市场的需求时,大多数卖家还会满不在乎地认为"正是如此,我们一直都是这么做的"或"我们总在兢兢业业工作,丝毫不敢懈怠"。卖家觉得自己做得无可挑剔,就这样在顾客日益减弱的满足感中窒息。这一现象被早稻田大学商学院的内田和成教授概括为"被成功复仇","被成功复仇"也被铃木敏文看成是对7-Eleven具有巨大威胁的"达摩克利斯之剑"。为了持续强化顾客在7-Eleven消费的满足感,让7-Eleven对顾客而言有特殊价值,铃木敏文打出的组合拳分别是盘活存量、开发增量。

盘活存量可以用在所有已有的商品和服务上,7-Eleven里最能说明这个概念的,便是各种熟食了,也就是铃木敏文明确主张的"为了被称赞'一如既往地好吃'而不断做出改变"。

饭团、便当、面包、"好炖"是7-Eleven以及所有品牌便利店的必争之物，消费者挑剔的胃能轻而易举判断出哪家的口味最好，就算是同一家的产品，在不同时期发生改变也能立即反映在销量上。铃木敏文一直强调，到便利店购物的顾客并不只是为了感受便利，便利店甚至应该提供比家常口味更好吃的熟食。顾客对商品的追求是100分满分的话，卖方非但绝不能以"90多分也差不多了"为借口搪塞，反而要提供120分甚至更高分数的产品，当顾客的要求到了120分时，对卖方的要求也水涨船高，那是140分乃至更高分数的产品才能满足得了。

为此，要让顾客觉得这东西一如既往地好吃，卖家不得不对已有产品进行升级改造。中华冷面和荞麦面是7-Eleven多年的夏季畅销品，但7-Eleven不是简单地按照上一年的配方和工艺接着生产，而是每年都会改良产品品质，在口味上略微改变。目前，7-Eleven自有品牌已有上千个品种，对这些商品进行持续改良一直是7-Eleven工作的重点之一。就以咖喱粉为例，7-Eleven选择了和日本食品行业龙头企业之一好侍食品合作，把改良过的产品快递给报名参加点评的家庭，让他们食用后做点评。改良反复进行，这些家庭也反复尝试，经过7次试制、5次试吃，当年最终版的咖喱粉上市。这款咖喱粉果然表现不俗，销售额是上一年度的1.5倍。

开发增量的直接目的是为消费者提供另外的服务，给予实用的附加值，提供新产品和新服务是增量的两大支柱，在这两方面，7-Eleven做得更好的是提供新服务。

最初，7-Eleven主打"便利"的时候，24小时营业模式让日本消费者眼前一亮，而24×365的运作方式更让消费者体会到一种全新的感觉，"全年无休真方便"不单是7-Eleven的广告语，也得到了消费者的认可。随后，全年全天无休的营业模式在日本盛行起来，7-Eleven在这方面的优势很快被消解。

铃木敏文马上指示开辟新的领地，并在1987年10月与燃气公司合作，提供代收燃气费业务。

1991年，代收费服务已经延伸到了水费、电话费，甚至机动车交强险也可以通过大部分7-Eleven门店代收代缴了。随后，这种依靠便利店提供更多附加服务的思路进一步拓宽，7-Eleven在1996年10月推出彩色复印业务，成为服务辐射圈内居民和有私人需要的白领的"印务中心"。

2000年4月，多功能在线复印机进入门店，"印务中心"如虎添翼，而2002年11月推出的多媒体复印网络服务，不但在复印效率上大为提高，还解决了之前存在的兼容性问题。借助这些带来附加值的服务，7-Eleven的零售本业表现突出，门店日平均营业额能比竞争对手高出几万甚至十几万日元。

在这些附加服务中，2001年5月开始运行的ATM服务最让铃木敏文伤神，但也正是这一业务让众多竞争者甘居7-Eleven之下。

各类代收服务得到的反响非常热烈，急速攀升的受理件数也证明消费者体验到了实实在在的便捷。铃木敏文决定把服务链再延伸，而一份调查问卷上"希望便利店能增设ATM"的要求也跟铃木敏文的计划不谋而合。于是，从20世纪90年代后期开始，铃木敏文就组织工作小组，专攻在门店内增设ATM的课题。

要想安装ATM，公司就必须有银行的经营资质，最快速的办法就是由伊藤洋华堂与金融机构成立新公司，但双方在谈判时，对方坚持在便利店内安装ATM机也要遵循银行的规矩，比如工作日和周末收取手续费是两个标准，便利店内的ATM也应如此。对这些条件，铃木敏文一概拒绝，如果便利店内的ATM在细节上同银行一样烦琐，那就失去安装的意义了。由于双方未能达成一致意见，铃木敏文决定单独成立7-Eleven的自有银行，当然这个银行只有结算功能，主要收益来自于顾客取款时缴纳的手续费。主意一定，流通行业创建独立银行的大戏拉开帷幕，在金融界等各方一致反对下，7-Eleven向日本金融监督厅提交了《银行设立意向书》。对那些"外行开银行注定要失败""现在这些银行都快没饭吃了，还有人来凑热闹"的质疑，铃木敏文认定了顾客肯定有这方面的需要，于是对这些质疑充耳不闻。与伊藤洋华堂往来较多的银行董事长甚至亲自找到铃木敏文，劝说道："希望你能悬崖勒马，我真不愿意看到你最后失败的样子。"但铃木敏文依然坚持己见，并顺利完成了成立银行、引入ATM机的关键步骤——选拔即将成立的银行的领导人、开发造价低廉而功能可靠的ATM机。最终，日本银行的前任董事安齐隆被铃木敏文的真诚和执着打动，接受了这一职位邀请。同时，7-Eleven与多家小银行合作，开发了均价200万日元的ATM，而当时银行通用的ATM普遍在800万日元以上。2001年，几经周折的银行艰难地落地了，7-Eleven也成为零售业和金融业的两栖便利店。

　　安装ATM后，到7-Eleven门店的顾客明显增多，而且大多数利用ATM取钱的顾客，都会顺便在店内消费，ATM机前就算排起长队也不会出现被银行视为家常便饭的投诉情况。7-Eleven的ATM机只要取款就有手续费，而银行在周一到周五的工作日取款是不收费的，但银行常被客户提出"为什么不能一直免费"的质疑。3年不到，7-Eleven的银行就赢利了，成为新型银行运作的范本。

　　因为习惯，让顾客对卖家有了归属感，这是成功的卖家长期经营的结果。

进攻型销售就是要有触动感

消费者并不会关心卖方采取的销售策略，决定是否购买是多种因素共同作用的结果，但消费者最终选择的卖家一定是在心理上最能打动自己的那个。

有一个小故事在7-Eleven广为流传。

某7-Eleven门店的店长，有问顾客"吃饭了吗"的习惯，这句话产生的效果连店长都觉得意外。一天，一位老太太在再次听到店长问候的时候，突兀地说了一句："连我儿子都从来没问过我'吃饭了吗'，哪怕是在电话里也不会亲切地问候我，你让我感觉来7-Eleven像是到了关系很好的亲戚家里一样，所以我每天都来买点东西。"一个高忠诚度的顾客就这么培养起来了。在过去，便利店能做到这一步已经很不错，但在销售工作要主动外化延伸的今天，显然还有所欠缺。比如，在外送服务已经很普遍的现在，是否可以考虑在老人需要购买较多较大的物件时采取送货上门服务？平时的零散东西还是可以让老人到店购买，排遣孤寂。老人的儿女如果工作太忙了，是否正好能通过老人向他们传达7-Eleven正是便利首选的信号？门店工作人员是否可以主动上门拜访与老太太和她的儿女类似的人，询问他们需要些什么产品和服务？

这种进攻型的销售，在7-Eleven成立之初是不被铃木敏文允许的。当时，不少的7-Eleven加盟店由酒类专营店转化而来，习惯于进入社区主动推销，但这种方式并不适合才创业、需要提供高品质门店服务的便利店，练好内功才是创业的首要任务。

铃木敏文将销售套路改为进攻型销售，跟网络力量强化买方市场地位大有关系。

2011年，日本经济产业省发布了"2011年度日本信息经济社会的基础建设（关于电商的市场调查）"，报告显示，网络零售市场总营业额超过百货市场，高达8万亿日元，而这个数字在2008年不过6万亿日元出头。2012年，这个数字再创新高，已是9.5万亿日元。2010年人口统计显示日本总人口1.28亿，网络用户1亿多，再加上使用智能手机上网的人数，日本可以算是全民被"一网打尽"了。按照这样的趋势，网络零售蚕食实体零售店的步伐和力度可能会因"瓶颈效应"而变慢变小，但扑面而来的危机感是实体零售从业人员避不过去的，卖方最需要做的就是从卖方市场时代的等待型销售转向进攻型销售。

进攻，就是让门店、商品、店员都动起来，抓住每个机会，利用每个细节，吸引消费者。在门店内，最大限度扩大商品陈列面积、主动招呼顾客、劝顾客试吃、策划活动都是开展进攻型销售的具体手段。在门店外，丰富的商品展示、送货上门的体贴服务、主动拜访增进情感也是门店销售的延伸。

与顾客发生对话交流是进攻型销售的关键。以试吃为例，每有饮食类新品上架，7-Eleven都会积极组织试吃和试饮。一些经营者认为便利店组织试吃试饮很困难，场地不够、人手不足、效果不好常成为借口，铃木敏文把这样的认识归结为卖方想当然的想法。顾客难免会对新产品的口味好奇，更何况门店经营的时间一长，平时的服务做得好的话，老顾客上门就会期待有新的惊喜，试吃试饮正中下怀。

但是，一些经营者宣称的试吃试饮，店长、店员都缺乏主动性，不过是把样品摆放好，等着顾客自己动手，这样的方式根本达不到吸引消费者的目的，顾客也难有兴趣。7-Eleven每组织试吃试饮，样品必备一两百份，门店上上下下要共同努力，确保将这些样品都送到顾客的舌尖上。对试吃试饮中顾客的反应，店员更有必要积极回应。如顾客评价"真好吃"，店员不但要对顾客表示感谢，还应趁着顾客的心情好，尽力把商品特点简明扼要地传达出来，从而在共同的价值观基础上，触发顾客的购买行为。

进攻型销售并不一定一直要遵循试吃试饮这样较固定的套路，更多的是要依靠可能与顾客发生交流的店员积极主动的行为。

冬天是"好炖"热卖的季节，也是最容易完成进攻型销售的时候。在训练有素的7-Eleven门店，店员只要一发现顾客视线落在"好炖"上，或仅仅是用余光瞟了瞟，就马上跟进，询问顾客"要不要来一串暖胃"，或者真诚地推荐"这个吃起来不错"。

意大利面本该搭配叉子食用，但这也要分顾客的年龄，尤其是老年人买这类食品的话，7-Eleven店员会主动向顾客推荐用筷子吃，并说明用筷子吃可能会更顺手。只要顾客首肯，一次性筷子就该奉上。这次销售虽然完成，但进攻型销售更关注的是可持续的交易。

对老主顾，单是一般的寒暄用语已经不足以让他们在心中拉开7-Eleven与其他便利店的差距，所以7-Eleven还在常用语外准备了另外的说辞，这在前文都已说过。更有效的是，店员记住老主顾常买的商品，主动微笑询问："要的是××，没错吧？"这会令顾客欣喜，感到方便的同时也觉得自己对7-Eleven而言是"比较重要的"，再次购物并向别人推荐7-Eleven的可能性就大为增加，进攻型销售不用店员亲自出马就在门店外实现了。

收银台也是进攻型销售能大有作为的地方。在各方面表现优异的7-Eleven门店，负责收银的店员都会询问顾客携带货品是否方便，即便一个购物袋就能搞定顾客买的东西，只要东西比较重，便会建议顾客用两个袋子分装，得到同意就帮顾客装袋。这自然让顾客觉得很贴心。

现在，7-Eleven门店内都有多功能复印机，这种复印机除具有一般的打印、复印、收发传真功能外，还能订购演唱会门票和电影票。对想通过复印机订票，又不太熟悉怎么操作的顾客，7-Eleven店员会和顾客一起完成订票，中间进行简短的沟通，通常在订票完成后就掌握了不少信息。订票的顾客再上门，先前一起订票的店员就能主动交谈，发起新的销售攻势。

进攻还要不断开辟新战场，受到网络冲击的实体书店一家接一家倒闭，7-Eleven又扮演起了"附近书店"的新角色。7-Eleven不可能真正成为实体书店，但售卖一些畅销书以及经营部分报纸杂志是可行的。这类书和报纸杂志主要面向年轻人，但7-Eleven一些具备条件的门店也会增加种类，为中老年人喜欢的书籍杂志留出空间。如果有中老年顾客到7-Eleven，目的就是买一本《××》，而门店之前没订，或者卖断货了，只是一句"真是万分抱歉，这本杂志卖完了"的解释，并不符合进攻型销售的原则。这一回应没有大错，只是无法真正和顾客形成交流，店员在这句道歉外，可以深入询问："如果以后每月都给您留一本，您看可以吗？"这样产生的效果自然就大不一样。对行动不便，或者就是不想去太远的地方购买杂志的中老年人提供预留服务，不仅能让这些顾客重新发掘7-Eleven对自己的价值，成为7-Eleven的忠实客户，还会产生以点带面的效果，让他们无形中成为7-Eleven的免费推销员，扩大7-Eleven知名度。

进攻型销售的机遇无时不在，但要竭力避免单向传输。以伊藤洋华堂的服装卖场为例，卖场店员的口才可能很好，说起商品就滔滔不绝，服装被如簧巧舌说得天花乱坠，只是如果没有与顾客形成互动，发生交流，这种进攻就是蛮干，只会让顾客不胜其扰，购物欲望也在不适感中烟消云散。

进入试穿环节，店员就更该注意与顾客进行有效互动。由于顾客试穿的衣服一般都是自己心仪的，也就难以容忍别人批判的眼光。如果衣服确实跟顾客比较搭调，店员就应适时跟进，用颜色、大小、风格等具体元素夸顾客有眼光。顾客就会和店员产生共鸣，购买意愿也就跟着强烈起来。如果因为种种原因导致衣服跟顾客不太相配，有远见的店员不会顺着顾客的意思来，而是委婉推荐另外的产品，说明另外选项的优势，以真诚动人，同样能达到进攻型销售的目的。这不但对店员，对门店也是带有极大挑战的。

　　进攻是最好的防守，进攻型销售并不是咄咄逼人的硬推销，最终目标不是一桩买卖的得失，而是要征服消费者的心。

第四章 趋势轴：应对变化，贯彻基本

"富士山"瘦成了"铅笔"

日本7-Eleven单个门店面积能达到100平方米以上的不多，60~100平方米的最为常见。但是，小面积并不妨碍7-Eleven商品种类的丰富程度，一般门店平均种类在2500种左右，多者能达到3000种。

日本7-Eleven现在除每天订购新货品外，每周二还会统一来一次"换血运动"，新上架200多种新货品，同时下架几乎同等数量的"老"商品。说"老"是相对的，这些下架的货品里，有很大一批从第一次上架到退出货架，持续时间不超过两个星期，时间长的也不过几个月。而这种更新换代速度，在7-Eleven刚成立的那几年，是无法想象的。

对这样的变化，铃木敏文以商品生命周期为切入点，勾勒出了处在卖方时代和买方时代的不同轨迹，在前者是"富士山型"，在后者变成了"茶叶筒型"。近年来，情况又变了，"茶叶筒型"继续"瘦身"，成为"铅笔型"。

这些轨迹类型描述的其实就是商品的生命周期，用来分析一段时间内的畅销商品尤其明了。它们在各自的变化总趋势上是一样的，区别在于变化速度和拐点发生时阶段转换的剧烈程度。

"富士山型"在趋势上很像将底边一分为二，分别扭向两边的梯形，不过这个梯形已经成为可以一笔勾勒出来的曲线：先是一段平行，接着向右上方弯曲，到一定程度平缓下来，跟第一段平行，延伸一截后，缓缓向右下方滑动，再向右水平运动。总体上，这条轨迹就是山顶被削平后富士山的纵剖轮廓。

"茶叶筒型"跟"富士山型"的差别在于，上升和下降的两个阶段已经不再平缓，呈现为90°角，突然蹿升，水平运动一段后又突然断崖式下降，回到水平面。

"铅笔型"与"茶叶筒型"在形状上一样，突然上升和下降差别也不大，只是上升和下降中间的轨迹变得非常短，如果是细一点的"铅笔"，这段轨迹很可能就被忽略了。

从东贩转到伊藤洋华堂，乃至到伊藤洋华堂后一段时间，铃木敏文观察到的流通行业都还处在卖方市场时代，尽管这个时代已接近尾声，但百足之虫死而不僵，影响依然明显。当时产品生命周期明显分为3个阶段：

第一阶段，产品刚投入市场，消费者渐渐聚拢过来，产品销量缓慢而稳定地增长。

第二阶段，产品销量经过攀升，跃到顶峰，聚集着投入市场以来的最大人气，这个状态持续数周或数月。

第三阶段，市场对这种产品的需求量饱和，产品销量下降，跌到卖不动的状态，成为滞销品，被完全淘汰。

这种"富士山型"的生命周期，一般比较长，观察百货商场的销售情况就能推测出哪些产品正如日方升，哪些已开始日薄西山。在这种市场中，商家就算在上市时间上稍微落后，只要时机把握得当，一样能赚到钱，这无疑对卖方是相对有利的。

到了20世纪90年代，日本国内的零售市场受到整体经济形势不景气的影响，市场主动权从卖方转移到买方手中，产品投入市场后，具有市场需求的一类无论是人气和销量都很快蹿到顶点，维持一段时间即被抛弃，销量落到低谷。

近年来，产品纷纷成了"跑龙套"的，畅销的产品也一样，综合得分再高，消费者也是表示过兴趣就离开，奔向生生不息的更好的产品。无论畅销还是表现一般的产品，销售峰值持续变短，不少经营者还没反应过来，畅销品就成了明日黄花。

对转变发生的原因，铃木敏文采信了早稻田大学商学院内田和成教授的解释：信息传播速度越来越快，消费者获取信息的能力也越来越高。当消费者对市场的一般规律以及产品信息不再感到神秘时，生产商就不得不依靠研发新品，零售商唯有靠销售新品，消费者的购买热情才会被一再激发。同时，随着刺激的加大及出现次数的增多，消费者对刺激的耐受性水涨船高，刺激不但要增加"剂量"，还要提高频率。

日本市场上以7-Eleven为代表的便利店，总是频繁地更新货架上的产品，给人应接不暇之感。媒体抓住这一点，在分析市场和产品销售的时候，一般都不忘给7-Eleven加上一笔：缩短产品生命周期的"罪魁祸首"代表。铃木敏文对这样的认识感到好笑，如果便利店有掌握产品生命周期决定权的能力，是不是就能总是推出畅销品呢？这与事实大相径庭。便利店如此频繁地更新产品，为的就是迎合消费者的"铅笔型"需求，如果不及时将货架上已经或者即将跌入销售低谷的产品下架，新产品研发后继乏力，便利店出现经营断裂是早晚的事。

更换新品给人造成一种"日本处在一个多样化时代"的错觉。恰恰相反，铃木敏文认为日本实际上正处于一个"整齐划一的时代"。在日本，几乎听不到"这东西质量差点，但价格便宜，总体还行""只要价格低，质量差点也没关系"的言论，大家对产品的质量要求极高，对产品能带来的新鲜感也表现出更大的兴趣。消费者看重的是质量和功能，产品生产也需要把主要精力放在这两个要素上，零售商在淘汰和选择产品时自然也要顺应潮流，这一思路得到执行，产品种类再多，因质量和功能带给消费者的放心感觉也不会变动。

对日本市场的这一特点，铃木敏文以美国为参照，从经济和文化角度做出了解释。

截至2015年年底，7-Eleven在美国有8000多家门店，产品上汰旧换新也一直发生，但无论是客流量极大的市中心门店，还是在一些稍偏僻住宅区的门店，一种产品从上架到下架最短都会维持一两个月，这还不是主动替换，而是为新品腾出位置，没有新产品的压力，老的产品待在货架上的时间还会更长。

在日本，光饮料每年就有1000多种新产品推出，销售期能持续半年就算是畅销了，很大一部分只能露脸两个星期，日本7-Eleven每年有70%左右的产品会被彻底淘汰。

同为发达国家，美国和日本在经济及消费者需求方面却差距较大。经济上，日本贫富差距并不算显著，去掉财富悬殊的两端，消费者收入水平相对集中；文化方面，日本国民的受教育程度普遍比较高，文化教养的差距甚至比收入差距还小。这样的经济和文化背景决定了消费者在消费上是比较理性和可预期的，对产品的质量和功能要求最严，价格不会成为重要因素，只要在合理范围内，都愿意接受。同时，这样的消费心理也决定了产品还应具有一定程度的审美功能，一成不变或者品类太过单调，并不符合消费者对品质的追求，但这并不是在追求奢华，要体现的是一种质感。内涵稳定而外在富于变化，才是日本消费者喜欢的状态。

美国就不太一样，不但收入差距大，受教育程度更是参差不齐，既有一部分受教育程度非常高的知识阶层，还有不会说英语的移民和一些少数族裔等，消费需求千差万别，产品生命周期在特定时间和地点范围内也就显得长一些，便利店货架上商品的更新频率自然不如日本高。不过随着市场的变化，美国7-Eleven的产品也会加快更新换代的速率。

应对"铅笔型"的市场新态势，铃木敏文靠的还是老招数，一是"假设—验证"，二是以外行眼光看零售带来的灵感。

正是因为信息的发生和传播越来越快，几乎没有时滞，以时间为基础的市场战略很难再有作为，以"满足消费者潜在需求"的假设为基础开发新产品就显现出了特殊地位。对那些在销售曲线上出现上扬征兆的产品，要趁热打铁，加大宣传力度，已经或将要出现颓势的，毫不手软剔除。铃木敏文常以饭团为例，阐明他的观点，假设有10种饭团，其中3种卖得好，以这3种饭团为中心组织商品，它们当然能在一段时间内保持在前几名，但饭团的总体销量会随着时间的变化，呈现相反的走势，因为消费者很可能对这3种饭团腻了，只是没有别的选择，只好继续消极地吃。慢慢地，总销量就降了。实际上，早在那3种饭团热销之际，排在后面的某一种或几种饭团已有了成长势头，极有可能成为下一批畅销品，提前改变商品结构，有利于总销量保持稳定。

至于灵感，铃木敏文提出了很有冲击力的论点：现在是灵感超过经验的时代。市场上充斥着大量的商业理论，无数的案例被经营者用来指导自己公司的业务，成功和失败的经验到处都是。但仅靠这些，在瞬息万变的市场上很难拔得头筹，反而是一些好点子，具有引燃一片森林的巨大能量。7-Eleven自己开设的银行、开发的7-Premium系列产品，都是灵感利用经验又战胜经验的典型。

自从1966年美国哈佛大学教授雷蒙德·弗农在《产品周期中的国际投资与国际贸易》一文中提出产品生命周期理论，该理论就被广泛地运用到了经济以及文化等诸多领域。时至今日，要想充分利用这一理论实现商业成功，单纯靠经济学已成刻舟求剑，"铅笔型"的生命周期体现出来的心理学角度，已经说明了跨领域综合是更准确把握消费者心理动机和变化的重要依据。

下游倒逼上游，修正供应单行道

如果市场是一片海，生产商是水源，而批发和零售商就是河道的话，卖方时代的水源就只要不断出水，也就是不断生产产品就行。批发和零售商提供通道，当好"搬运工"就够了，反正市场这片海来者不拒，容量极大。

但到了买方时代，上游来什么下游就接受什么的模式已经难以为继，市场越来越挑剔，不符合市场需求、不能满足消费者需要的产品就会滞销，影响逐渐扩散到上游，被市场淘汰的生产商与其说是被消费者抛弃的，不如说是被自己的产品"窒息"而死。卖方时代的生产→批发→销售这种单行道模式，如今不但形势更复杂，大体形成研发→生产→批发→销售→服务的格局，在网络的力量下，还可以形成更短的链条，由厂家直面消费者。这一改变的直接后果是，处在下游的市场有能力及时让上游的生产和供应环节感觉到问题所在，不能满足需求的早晚被淘汰出局，单行道被拓宽，中间增加隔离带，形成了双向通道。

铃木敏文对单行道模式的不便之处体会甚深，日本7-Eleven在创业初期不得不挺身与单行道模式对抗，直接促进了日本市场由卖方到买方主导的转变。从1974年5月15日日本7-Eleven一号店丰洲店开业，半年时间内又开了14家门店，铃木敏文就靠着这15个门店跟生产

Part 2 便利店的轴心

商打了一仗。

20世纪70年代，日本商界的生产和订货惯例也还停留在简单粗暴的方式，生产商确定产品，然后在全国各地设立的分厂根据自己的产能，再结合粗糙的市场调查（这种调查很可能就是生产商自己估计一下），就开工生产，或者总厂直接分配生产目标，大家照章执行。在这种生产模式下，产品规格统一，不存在也不用掺入过多创新元素，尤其是在经验老到的业内人士看来，市场会将这些产品都消化掉。商店向供应商订货也一样，不得不按照供应商最喜欢的方式来，就算是对销售额不怎么高的商店，供应商也希望对方能放开进货，一方面自己轻松，一方面也可以在进货价上给商店稍做些让步，似乎这样就可以达到双赢，但实际上直面消费者的商店大多叫苦不迭。7-Eleven面临的问题就更多更复杂，因为"24×365"的全年无休的营业模式已正式确立，保证新年春节期间也有新鲜货就成为当务之急。

7-Eleven希望生产商和供货商做出点牺牲，春节期间也继续生产并供应，但面对当时只有15家门店的"小不点儿"，无论上门拜访的7-Eleven负责人多么诚挚恳切，生产商大多眼皮都懒得抬一下，供应商也是摆谱的多，愿意放低身段的少。生产商和供应商都吃定了一条老规矩：正月不生产、不发货，过年期间尤其如此。

反对意见在自家内部也俯拾即是，伊藤洋华堂的工作人员听说7-Eleven"冒大不韪"在春节期间营业，现在还要生产商和供应商改变之前的生产和供货习惯，纷纷直言让供应商在春节期间发货是"不懂做生意的人才会想出来的馊主意"。

与生产商和供应商的谈判虽还在继续，但对方几乎没什么耐心了。眼看再怎么软磨硬泡都没用，有的7-Eleven员工建议在公司内部搭棚子，建临时仓库，先把商品囤起来，到时再送到各个店铺。这个建议显然是可行的，毕竟15家门店还是忙得过来。但铃木敏文断然否决,对7-Eleven工作人员说:"用这样的方式,这次倒是撑过去了,等有1000家,甚至2000家店,还能这样亲力亲为吗?"

功夫不负有心人,终于有生产商和供应商被说动了,不但是被7-Eleven的执着感化,更接受了铃木敏文关于日本市场的一个论断:卖方市场时代即将进入尾声,买方主导的时代悄然而至。现有生产和供应模式主要还是为了生产商和供应商的方便,却将很多不便强行推向消费者,一旦消费者觉醒,倒逼现有生产和供应模式改变,猝不及防的生产商和供应商将会付出更大的代价。与其被逼着吃"罚酒",不如走快一步,在前方等着消费者。

几家小的生产商和供应商答应了7-Eleven的要求,7-Eleven终于避免了春节期间无货上架的境况。小的生产商和供应商开了先河,但彻底把春节期间不生产、不供货的老规矩打破的是山崎面包,而这已是两年后的事。至此,跟着打破这个规矩的生产商和供应商越来越多,7-Eleven推动日本零售业进入了一个划时代的新阶段。

如今的7-Eleven,在市场上的江湖地位足以让众多生产商和供应商主动贴上来服务,说话的底气自然也远非当年可比,但铃木敏文坚持的合作原则一直没变,一是双方都必须确立"是消费者在判断好坏"的意识,二是对"居安思危,方便顾客的就不会错"这一理念的认可。

无论是生产商还是零售店,只要想做好生意,都会抱着给消费者提供更好的产品的热情,进行产品开发和售卖,但在整体市场环境落后的情况下,就像创业之初的7-Eleven,面对市场所呈现出来的精神状态得过且过,提供的产品和服务根本不符合社会变动的方向、消费者的需要。当年的供货商和生产商之所以不愿意痛快地答应铃木敏文,站在他们的立场,也有自己的道理,这其实完全能用蘑菇原理做出解释:蘑菇长在阴暗的角落,得不到阳光,也没有肥料,只有长到足够高的时候才会被人关注，得到资源，获得话语权。提供产品的各方只为了获取利润而行动，不明白符合消费者需求的本质是什么。厂商虽然强调要重视下游信息，但大多数是空喊口号，对消费者的立场漠视短视，希望消费者符合厂商的指定分配，为自己粗放的产品和服务逆来顺受地买单。曾经在东贩从事过出版和发行工作的铃木敏文，常常用出版业的例子表达对单行道模式的忧虑和不满。

直到现在，出版业的流程变化都不大，先由出版公司按自己的意思出书发行，经销商负责把书送到书店。书店虽然可以退书，但无论是手续还是造成的浪费，都会把人折腾得筋疲力尽。日本市面上现有周刊多达数百种，每年出版的书籍数量更是蔚为大观，其中关于市场和销售的书自然也不在少数。滑稽的是，出版经营这类书的人员，很少或根本就不会对出版业的市场行为进行分析。更常见的是，大学里教授市场类课程的教授、公司里专攻销售的经营顾问，讲起市场头头是道，事实上多是纸上谈兵，根本不能将理论和实践相结合。

在几十年的发展过程中，7-Eleven开发了无数种新品，熟食方面也常有佳作，要求很高的铃木敏文对其中一些熟食表达过由衷赞许，认为是当时顶级好吃的东西。但是，竞争对手也没闲着，而消费者的味蕾也日益挑剔，维持原貌经营，就是在主动退步。铃木敏文常常感言，以这样的观点来看7-Eleven，虽然在业内算行动够快的，可还是赶不上消费者需求的变化。7-Eleven也合作过很多生产商，这些生产商有技术和实力方面的差距，但让生产商内部发生分化的要素，更多在于眼光和格局。有些生产商就是充满毫无来由的自信，认为自己生产的一定就是消费者需要、市场认可的，奉行以不变应万变的策略，既对技术的提升和改进兴趣不大，又对新产品的开发和品质疏于追求。对这样的生产商，7-Eleven会毫不犹豫地终止合作，转投乐意倾听消费者需求、居安不忘危的队友。

现烤直送面包从1993年上市至今就一直是7-Eleven销售额的重要来源，这个产品也是市场这片海回灌到上游的结果。7-Eleven从顾客的角度考虑，认为他们不但需要安全性有保障的面包，而且更希望在有需要的时候能买到口感和鲜度出众的面包——厂家统一规格生产的、保质期可达数月的面包只是消费者不得已的选择。为此，7-Eleven决定在门店附近设立生产工厂，以分时配送的方式，让消费者随时可以吃上鲜度有保证的现烤面包。起初也没有面包生产商支持这样的提议，但几经争取，7-Eleven的想法还是变成了现实。7-Eleven找到有独立技术的面包厂商，借助大型商社、食品生产商和地方食品生产商的力量，在7-Eleven门店所在的商圈内生产面包，逐步在全国推广了这一产品，用下游反作用上游的力量，再次改变了单行道式的流通模式。

站在卖方的立场尽最大努力为消费者提供产品和服务，未必讨好消费者，但真正愿意到下游蹚水，看清楚市场的需要，谋定而后动，常能顺心如意，这就是跳出单行道模式、能上能下的好处。

给顾客实实在在的惊喜

2005年前后，日本便利店行业营业额比上年同期出现较大滑落，营业额一贯比较坚挺的7-Eleven也未能幸免。媒体马上唱衰便利店，又抛出了"便利店饱和论"。便利店行业内部也对发展前景产生了动摇，部分便利店企业高层人士还抛出了提议："国内的便利店市场已经饱和，未来应该采取海外战略。"

与以往不同，便利店这次集体遭遇寒流没有很明显的征兆，日本国内经济也并无不景气一说。突然蒸发了可观的营业额，原因却扑朔迷离，就连一向善于对症下药的铃木敏文也觉得奇怪。尽管营业额并未一直下滑，但也不能听之任之，背后的原因不找出来，7-Eleven就随时可能触礁。

当铃木敏文终于确定原因，一种"洞中方数日，世上已千年"的感喟油然而生。日本的人口和社会结构已经发生天翻地覆的变化，包括7-Eleven在内的便利店行业却还蒙在鼓里，以陈旧的思维应对新的变化，在这种情况下，价格总体不占优势的便利店当然是"为渊驱鱼，为丛驱雀"，把消费者拱手让给了大超市和百货商场。

1999年，日本国内便利店的顾客年龄层主要以20～30岁的年轻人为首，占了顾客群的35%，50岁以上的老年顾客占比只有14%。而到了2009年，20～30岁的顾客占比跌落到22%，50岁以上的顾客涨到了28%，整整翻了一倍。日本家庭结构的变化也极其显著，由父母和孩子组成的家庭在日本家庭总数中的比例缩小到28%，女性也纷纷投入职场，就业率达60%。这样的变化还在加剧，预计到2030年，父母和孩子组成家庭的比率将跌至24%，单身家庭占比将从2009年的32%升至37%，65岁以上老年人家庭占比可达48%。

在总人口数、青壮年人口数都减少的情况下，家庭人口数也跟着减少，老龄化和少子化趋势越来越明朗，单身和丁克族更加普遍。面向小范围区域经营的便利店，自然直接受到冲击。消费者虽然更愿意在附近购物，便利店却没能提供符合需要的产品，已有服务老套且陈旧。掌握了这些情况后，铃木敏文对7-Eleven动了"手术"，对门店内只面向年轻群体的货品做了精简，增加面向老年群体的产品，对大包装规格的货品，尽可能缩减数量。最大的变动是，铃木敏文将便利店和一日三餐相结合，挑战全新的门店组织架构，目的之一是将7-Eleven改变为服务区域内居民的"厨房"，一日三餐都能在

7-Eleven解决。

　　7-Eleven的新姿态给消费者带来了新的体验，让他们确确实实地感受到了在7-Eleven购物的便利，重拾对7-Eleven的信心。同行很快发现了7-Eleven的变化，随之跟进改革，在2009年前后，营业额实现了提高。这时，媒体音调又发生转变，报道的主题是"便利店复兴了"。

　　2010年的营业额再度证明，7-Eleven的改革迅速而及时。从年龄上看，7-Eleven依然是年轻人的领地，但之前的专属局面已发生改变；从性别上看，男性顾客的数量与上一年持平，而女性顾客的增长率则保持在每月5%～10%。显然，因为调整了产品，例如增加了配菜的种类，开发价格适中的小包装土豆色拉和土豆炖牛肉，时间得到节省，烹调步骤也减少，这些改变得到了女性顾客的认同。

　　这又是个坚持站在顾客的立场，挖掘便利店新内涵，为消费者带来新鲜度的成功案例。

　　为了主动发现新的灵感，增强给消费者带来惊喜的能力，7-Eleven总部设立了一支被称为"店铺创新团队"的机动部队，专职探索未来便利店的经营方向，并提出可以实施的、能带来新鲜和惊喜的产品或服务方案。这个团队由20～45岁的新人和公司中坚力量组成，每天走南闯北，甚至要到一些与便利店行业八竿子打不着的场合，比如住宅设备展览会进行调研。虽然看起来没关系，但未来的餐桌文化很可能在这样的展览会上露出蛛丝马迹，餐桌跟7-Eleven就联系起来了。

　　为了让团队能随心所欲，全身心投入开发新品和服务中，铃木敏文严令7-Eleven管理层"有任何想法都不能对创新团队讲，绝对不要干涉团队的行动"。对创新团队抱以厚望的铃木敏文，希望团队不受任何来自7-Eleven内部经验的影响，眼里只有市场和消费者，创造出便利店未曾涉及的产品服务，甚至开创出便利店前所未有的经营模式，真正给市场和消费者带来永不消逝的惊喜。

日本7-Eleven在创新上常领风气之先，其他国家和地区的7-Eleven也随之跟进，但不是一味模仿，甚至有超出日本7-Eleven的团队和更具影响力的案例。

现在，几乎每个国家和地区范围内的7-Eleven都有类似日本7-Eleven总部的创新团队，名称各异，担负的责任共通：以开创新的营业模式为长远战略，近期目标则要在产品和服务上不断突破，让消费者对7-Eleven充满期待。香港7-Eleven从20世纪90年代后期开始，就把每年7月11日设为"7-Eleven创新日"，台湾地区的7-Eleven也在世纪交替时专门建立了MCR（Manufacture Channel Research，制造流通研发）小组，小组要从门店的销售情况和消费者购买行为的变化，掌握内外环境的信息，给研发人员提供参考。从某种意义上讲，这个小组很像个间谍机构，要提前读懂消费者的心。台湾地区7-Eleven总经理徐重任说："我们不只卖商品，更要把自己变成现代社会的生活提案家。"他同时强调，7-Eleven希望并能做到这一点，不是因为比同行们聪明，原因和动力就是铃木敏文一直强调的"坚持站在消费者的立场思考"。在定期召开的高阶主管会议上，徐重任反复表达向其他行业学习的重要性，因为"只有从产业变化中才能找到灵感"，微软等高科技公司都是徐重任眼里的学习对象。

学习最重要的是消化吸收，实现本土化。中国台湾地区的7-Eleven在引进日本拉面前，对日本的样品做了分析，与本地的拉面综合对比，日本拉面更滑溜，煮出来的汤味也更浓。但中国台湾地区有着自己的民情，人们在吃拉面的时候习惯加一些小鱼干。出于照顾本地居民口味的考虑，小鱼干配着日本拉面一起出售了。消费者也通过超市等途径接触过日本拉面，肯定了面的品质，当看到7-Eleven

不但提供拉面，还在拉面里加入了小鱼干时，惊喜中自然体会到了7-Eleven的用心。

2003年，以日本7-Eleven为首，为了再辟饭团新天地，"亚洲超人气御饭团"系列横空出世，亚洲各地的7-Eleven纷纷采用正宗配方调制口味，严选最新鲜的食材，给消费者准备了一个个"饭团红包"。台湾地区7-Eleven以吻仔鱼饭团打头阵，完美地配合了这次7-Eleven的集体行动。吻仔鱼饭团以日本7-Eleven为蓝本，在选材和制作上采取更严格的控制。

单吻仔鱼一项，台湾地区7-Eleven就以人工拣选的方式仔细挑，只有最上等的吻仔鱼才能被选中。酥炸后，再加入蛋酥和香喷喷的白饭一起搅拌，接着配上韩国进口的天然风味岩海苔，口口都有新鲜吻仔鱼的香酥口感。为让消费者有更好的食用体验，台湾地区7-Eleven特别控制用油，保证吻仔鱼酥而不腻。这款饭团上市后，曾创下两周内狂销20万个的纪录，堪称台湾地区饭团的NO.1。

作为零售终端，7-Eleven不断推出让消费者惊喜振奋的产品和服务，成为城市中的创新驿站，既是时代要求使然，显然也是化被动为主动的最优选择。换个角度看，在创新上下功夫，让变革也有秩序，其实是最能避免恶意竞争的利器，与其被后期的销售环节搞得焦头烂额，不如在创新上就占领高地，在同行业内形成无可置疑的压倒性优势。

用七成把握撬动成功

2000年后，日本7-Eleven不但势头更猛，还彻底收购了美国

7-Eleven，年营业额已成为伊藤洋华堂里最高的，而且在伊藤洋华堂上下看来，7-Eleven的发展轨迹说明铃木敏文做零售确实有一套。

伊藤洋华堂开始了对自身业务的重组，并在2005年9月正式成立"7&i控股集团"，集团下有7-Eleven、伊藤洋华堂、约克红丸，伊藤洋华堂和约克红丸都是以大型超市为主要业务的经济实体。2006年，集团再添新丁，完成对崇光·西武百货的子公司化。当这些不同流通形态放在一个盘子里，如何最大限度利用多种业态的协同效果，突破各实体间的壁垒创造新价值就成了铃木敏文的新任务。

铃木敏文的设想是，打造集团共通的自有品牌，在所有业态的子企业里同步发售，但是各企业对"同一产品，同一价格"的提议表示了明确反对意见。7-Eleven一方首先很强硬地表态："不想像超市一样售卖廉价的产品。"伊藤洋华堂则认为："我们和从不降价的便利店和百货商场比，销售模式完全不同。"崇光·西武毕竟是新来的，说话很小心："如果在百货商场陈列和便利店、超市相同的货品，有点不合时宜……"

这些顾虑在铃木敏文产生设想的时候就想到过，有阻力也在意料中，但他的理由很充分，如果经营方法被历史经验束缚，企业停留在过去，就是自绝于潮流。无论企业属于哪种业态，必奉的一条金科玉律是随消费者需求的变化而变化。7-Eleven表达了最强烈的反对，表面上看确实因为经营理念跟大超市和百货商场不同，其实就是"被成功复仇"的现成模板，习惯并陶醉在过去的经验里，不愿意投入新的挑战。

7-Eleven的商业业态决定了它不能像其他量贩经营的商店一样经常推出大减价的促销活动，这也让消费者感觉7-Eleven产品的价格确实有些高。不少消费者在不了解7-Eleven经营理念的前提下，从一些渠道听说7-Eleven卖的东西价格高后，就对店内新上架的独创产品敬而远之。让消费者对7-Eleven抱有高价的印象，继而产生机会损失，实在不划算。如果能在大超市和百货商场推出7-Eleven的一系列独创产品，让这些地方的货架成为7-Eleven的免费广告，使消费者对7-Eleven消除高价同时保留高质的印象，就等于推广工作完美达成。

反之，当消费者在7-Eleven买到高质产品，而后发现大超市和百货商场里也有，大超市和百货商场的"廉价""还凑合"的印象也跟着改观。这样做当然也有些风险，但为了打破集团上下僵化的经营理念，冒点儿风险值得。另外，并不存在阻挠这样的设想实施的客观条件，关键在于让各方负责人坚决执行。于是，铃木敏文也扮演了一回"霸道总裁"，断然喝令"必须执行"，各位负责人虽不情愿，但也只好就这样通过了。

2006年，联合了集团各方参与的集团产品研发组成立了。

2007年，49款食品加入了"7-Premium"系列，这些产品马上飞赴各个"战场"，7-Eleven、伊藤洋华堂、崇光·西武百货这3种业态不同的卖场里有了统一价格的同一种产品。推出第一年，"7-Premium"系列给集团带来的销售额就达800亿日元，5年后的2012年，销售额像吃了大剂量猛药，增长到4900亿日元。按照这样的速度保守估计，"7-Premium"系列的销售额在2016年将超过1万亿日元，加上其他自有研发品牌，"7&i控股集团"原创产品总销售额也将在2016年达到3万亿日元。

强行让集团通过这样的决策，一方面是为了挖掘消费者"想在邻近商店购买优质生活用品"的潜在需求，一方面在于向员工传递发起新挑战的重要性。这次的决策能大获成功，并不是因为铃木敏文决策时就算准了有100%成功的可能，他在预估到七八成把握的同时，为剩下的两三分不确定，即在实施过程中可能遇到的各种干扰因素留下了一定的应对空间，也是给自己做个提醒：惧者生存。

手里有七分把握就敢上场的经营理念，在铃木敏文坚持完成对7-Eleven的引进时就初步形成了。

在与美国南方公司的谈判中，日方内部也有分化，以铃木敏文为首的坚决"主战派"，要求一定要拿下协议，在日本国内开设7-Eleven。但也有另外一些成员，算是"摇摆派"，并没有非谈成不可的坚持，觉得能签协议则签，就算签不了也没关系，因为伊藤洋华堂对小型便利店的模式并没有太高期望。中间经过很多波折，常常是已经谈不下去了，却又接着谈。就在和南方公司最终谈判的前一天，铃木敏文到夏威夷，与视察过美国7-Eleven刚要回日本的伊藤洋华堂前任社长伊藤雄俊见了个面。伊藤雄俊面对公司内部的反对声，也没明确表态是否要引入7-Eleven，一方面是不想打击铃木敏文等人的积极性，一方面是因为考虑到开展便利店经营的各种风险。铃木敏文从伊藤雄俊的态度感觉到，社长对这件事其实不算热衷，应该是七分反对，三分不确定。这与铃木敏文形成了对比，铃木敏文算是七分坚持，当然也有七八分的把握。铃木敏文后来回想，正是自己对七分把握的执着，才在觉察到老社长并不怎么情愿的情况下完成了跟南方公司的谈判，力排众议做了那只不被看好的"出头鸟"，也才有了7-Eleven和今天的自己。

这样的事，还包括说服生产商在正月供应新鲜面包，以及决定成立7-Eleven自己的银行。

与银行接触时，虽然银行方面对7-Eleven开银行的提议反应很冷淡，明确认为是不合常理，行不通，而这正是他们作为金融业内行，思维被行业束缚的局限。铃木敏文深知，要让这些在本专业自视很高的专业人员跟自己一样充满信心，光正面争论是行不通的。为此，7-Eleven方面的人员决定直接"上图"，邀请银行人员到7-Eleven、伊藤洋华堂的超市走一走、看一看，实际体验。这些平时忙于工作，

便利统治世界：
7-Eleven的商业渗透

基本不怎么买东西的银行成员们，看到伊藤洋华堂的超市，特别是7-Eleven为给顾客提供方便做出的努力，也现场体会到了在便利店内设立ATM的可能性和前瞻性。很快，双方达成共识，原先对对方行业的偏见也转化为允许双方为同一个目标努力工作的热情。当7-Eleven的银行成立时，之前合作开发银行的工作人员，有很多直接跳槽过来，成为支撑7-Eleven银行运营的中坚力量。

用七成把握攻克"不可能""难以实现"，现在也常出现在7-Eleven与合作的生产商之间。

自组成"7&i控股集团"后，集团产品研发组开发新品的强度一直比较高，不少原创产品对品质的追求明显高过一般水平，开发难度极大，有些生产商在刚看到开发某种产品的提议时，马上就觉得没法做，可最后还是做成了。"7-Premium"系列中的高级冰激凌就是这样。

加入研发小组的冰激凌生产商在看到总部提出的冰激凌生产计划时，连连摇头。当时市场上的冰激凌多在低价位，从选料到工序都已有成熟的生产路径，而以高级原料和更精细的工艺生产冰激凌，非但在原料的选取上面临困难，改进技术更是个难以跨越的大问题。显然，这时候从正面反复宣扬高级冰激凌的市场前景，是难以奏效的。7-Eleven一方的工作人员与生产商再沟通时，只是建议生产商先小规模试生产。生产商方面的负责人接受了建议，并按照要求开发生产了一小批高级冰激凌。结果，从选料到生产都提高标准后，连生产商方面的负责人自己都被征服了。这位负责人与7-Eleven一道，一个个地化解了生产商方面的疑虑，让生产商方面的总负责人从现有制约条件的束缚中解脱出来，原先"做不到"的理由被逐一击破，也对这种高级冰激凌的市场潜力有了信心。

挑战新事物，就是对旧有的思维观念宣战，就如真实的战场一样，并不是要有十分的把握能打胜仗才出手。推迟决定，项目周期越长，成功的可能性越小。事业的地基是"搞定"，并非"回头再说"，只要有可能，就不该说"让我们考虑一下好了"，而是"那就动手干吧"。

Part 3

价值共创时代：改革从否定开始

第一章　改变零售思维

消费低迷时期的框架置换思维

针对市场中随时不请自来，给企业带来困扰的经济不景气，现代营销之父菲利普·科特勒有个论断——优秀的企业满足需求，杰出的企业创造市场。

观察大大小小的企业，对高效的营销策略极度渴求的不在少数。营销策略的表层看的是销售方法，深层说的是创意展现。能把销售额大幅提升的营销策略看作大旱望云霓，说明企业在创意的储备和开发上存在短板，就像身处隧道中，视野非常狭窄。一旦遇到市场低迷，不少企业就更头疼了，理不出打开局面的头绪。也有些企业，在市场低迷时依然过着"不抱怨的生活"，奇招迭出，让消费者虽然口里喊着穷，却不断上门来"送钱"。市场变化日新月异，每个时代都会涌现出新点子，后来再看觉得稀松平常，当时却是"脑洞大开"之作，而能够牢牢把握消费者心理的产品在任何市场中都不会褪色。

2008年9月，雷曼兄弟破产成了带来经济危机的第一块多米诺骨牌后，世界各地区相继在经济上出现头疼脑热，严重的伤筋动骨，日本经济也迎来了新一波打击，市场再度进入多云转小雨的状态。面对市场颓势，7&i控股集团也未能独善其身，各下属企业一开始也哀鸿遍野，其中又以伊藤洋华堂的大超市和崇光·西武百货商场的反应最大，明明一肚子的货，就是卖不出去，堵得实在心慌。为帮助大超市和卖场，铃木敏文披挂上阵，给它们服下了两颗药——一颗名为"购物返现"，另一颗叫"以旧换新"。

购物返现以服装衣料品为主，从顾客的购买额里拿出20%到30%，直接以现金形式返回顾客手里，可以看成是带有日本风格的"抢红包"行动。2008年11月，这项"你购物，我返现"的活动初次举办，势头很旺。前一拨余温未散，后一拨已经火苗熊熊，这个活动又接着搞了两次。到2009年年终大甩卖，购物返现迎来了诞生以来最大的狂欢——高达10亿日元的购物总额"参战"。由于10亿日元的派头很大，媒体特别对这次活动跟踪报道，算是为7&i控股集团做了次免费的大型宣传。购物返现成了集团捧给消费者的奶油巧克力，一直吃很快就会腻，但隔段时间来一口，味道还是那么令人着迷。进入2010年，购物返现再次举行，至今仍是7&i控股集团锦囊里的妙计之一。

以旧换新跟现在常见的一些做法还有点不一样。如今市面上也常见以旧换新的营销方式，不过内容多是同系列或同类商品，而伊藤洋华堂的超市和崇光·西武百货的卖场既接纳同系列的商品置换，还支持各种商品跨界，几乎没什么门户之见。以旧换新刚推出的时候，也是只面向衣物，顾客消费额总计达到5000日元，就可用一件自己不要的旧衣物折价，根据衣物抵扣相应金额，高者可达1000日元。

活动搞了几次，依然爆发出顽强的生命力，紧接着他们又推出了2.0升级版，能抵扣金额的不止旧衣物，提包、皮鞋也来凑热闹。再到后来，锅碗瓢盆、大小家电，只要不是没法看、没法用的，纷纷找到了出路，为老主人购新衣最后出把力。原先要满5000日元的门槛也降为3000日元，3000日元的抵扣金额最高能达到500日元。7&i控股集团下的超市和百货商场，满足了消费者既想换新又想省钱的需求，来超市和商场的顾客，尤其是不少平日里就精打细算的家庭主妇，心情哪能不美。

无论是购物返现，还是以旧换新，实质都是打折、降价，新瓶装旧酒，但面对披上不同马甲的商家，消费者的倾向性十分鲜明。同期也有商家声嘶力竭喊打折，折扣力度比7&i大的不在少数，但消费者就是不买账，没怎么犹豫就跳进7&i的"新篮子"。从经济学角度看，一贯理性的消费者是如此不理智，但从心理学切入消费者的情感世界会发现，越是在经济低迷的时候，消费者越渴望每分钱都用在刀刃上，淘到物有所值甚至物超所值的商品。同时，规避损失的心态在这样的背景下得到更大强化，谁能让消费者在购物时有多购多得的感觉，谁就可以笑傲江湖。

购物返现和以旧换新大受欢迎的实质，就在于给了消费者"得到"的感觉。消费者来购物是要花钱的，基本还是本着量入为出的原则，而且当时靠血拼减压，花钱就是"放血"。购物返现形式上是新的，比起打折带来的陈腐气和麻木感，对消费者购物欲的刺激显然更明显，而最后，消费者竟还能从商家手里拿回部分真金白银，相当于"失血"后及时"补血"，消费痛感大减。

搞活动时，伊藤洋华堂和崇光·西武百货的卖场里，消费者非但不觉得结账后凭票到另一个台子领现麻烦，领现之际还会主动对店员说谢谢。明明是商家占了大便宜，消费者反过来表示感激，达到这样的效果，还怕什么消费低迷？

至于以旧换新，铃木敏文吃定的是破除了消费者心理的"保有效应"，就能让他们乐意拉开钱包。得到一样新东西固然会让人产生满足感，失去手里现有的东西带来的不快感会更明显。衣柜里那些老也不穿的衣服，价值已经不大，但要让人乐呵呵地对这些旧物展开"清洗"，舍不得的感觉又把扔东西的手给拉了回来。有了以旧换新，消费者就找到了接着招兵买马最充分的理由：之前不出手是因为不想让旧物白白牺牲,现在被赋予新价值,也算"死得其所",负罪感就轻了。

另外一种能减少消费者犹豫,在经济低迷期给商家雪中送炭的思路是提供更多选择,但并不需要铺天盖地增加商品种类,依然是让商品自己出来说话,增加表现力。

同样是金枪鱼的生鱼片,如果还是僵化地为方便顾客,早早把鱼切好,放到盒子里,顾客未必买账。还有一个不可忽略的因素是顾客的心理:越是在经济表现不乐观的时候,越需要情绪上的刺激,产生"每一天都是新的""每一个物品都是新的"这类感觉。切片装好的生鱼片,是可以方便一些顾客,但还应考虑到另一种情况,消费者喜欢新鲜的商品,如果把整条金枪鱼陈列在卖场,当顾客有需要的时候现场制作,购物获得的满足感是购买被切割得支离破碎的生鱼片没法比的。7&i旗下的超市、卖场,正是选了后一种售卖方式,河海鲜品的销售额在市场整体表现不佳的时候保持了稳定。

越是消费低迷,越要让商品自己说话,这一原则可以算作卖方的"主食",凡有买卖,必当落实。

旭山动物园是铃木敏文谈零售思维常用的例子,这个位于北海道旭川市的动物园不是日本最大的,却是迄今为止人气最旺的,这都得益于20世纪80年代的一次深度改革。

自1980年起,旭山动物园跟日本国内遍地开花的动物园一样,游客人数呈现急转直下的趋势。动物园市场部的负责人十分焦急,在与当时担任饲养部股长的小菅正夫沟通时直言动物园有关门大吉的危险。为了摸清消费者抛弃动物园的原因,挽回游客的脚步,小菅正夫在工作外进行了大量的观察和访谈,扮作游客与真正的游客攀谈,掌握游客对动物园失去兴致的原因。

游客来动物园不只是为了猎奇,他们更想了解动物全方位的生活状态，但在动物眼中，游客跟动物园内的工作人员没什么差别，都是会给自己带来打防疫针等痛苦的"会移动的东西"。游客很少看到动物活泼地展现自己，不少游客的原话是："就只看得到动物屁股。"为此，旭山动物园马上启用了行动展示法。例如，北极熊馆里的玻璃采用透明度更高的材质，并在喂食上加以调整，当游客经过，北极熊会像捕猎海豹一样扑过来；猩猩园中，工作人员在相距十几米的两根柱子间架起木桥，以一根柱子下的饲料为诱饵，让猩猩登桥表演"空中漫步"；海豹馆则用整面透明的树脂板营造出纵深海底空间的氛围，让海豹清晰地看见游客的身影，展现穿梭海中追逐鱼类的天性……

慕名而来的游客越来越多，入园人数来了一波大反弹。

为顾客和商品结交制造条件是卖方脱离市场颓势的必经之路，松下电器的一款纳米粒子吹风机就是这样被捧红的。

这款吹风机售价高达1万～1.6万日元，而市面上的吹风机价位不过3000日元左右，虽然纳米离子能将极其细微的水珠吹入头发，使头发保持水润的噱头很有诱惑力，但要考虑到这是在2008年经济危机气势正盛的时候，更何况它的价格也让人咋舌。

为提高这款吹风机的销量，松下还跨界开了一家美容沙龙，地址就在东京地铁池袋站附近的地下商街。这附近有立教大学，商务楼众多，是很多女性上下班必经之地。美发沙龙引起了年轻女性的注意，吹风机也得到了接触她们的机会。沙龙店里还特意推出各种烫染、护理业务，上门的顾客现场感受到了吹风机的神奇，不但这款吹风机开始热卖，同样原理、售价也达1万日元以上的蒸汽美容器也因具有喷入水珠、促进面部循环的作用而受到青睐。2010年，这两款产品都实现了50多万件的销量。

综观这些在经济低迷期实现产品销量提振的案例，一大共通点在于消除了消费者脑子里的不认可，改变了他们对产品的认识。比如，同是销售猪肉肉馅，肉馅一样，但一份标注为"瘦肉占比80%"，另一份标明"肥肉占比20%"，调查消费者的主流倾向的话，"瘦肉占比80%"显然更能增加购买概率，"肥肉占比20%"就显得非常不合时宜了。这一原理其实是铃木敏文很推崇的"框架置换"：人们因所面对事物的提示和表现方法不一样，对之形成的印象框架也就大为不同，卖方要做的就是尽可能改变消费者脑中对产品不利的框架，让对产品销售有利的框架发挥作用。

卖完大吉的结果是关门大吉

2001年9月，美国发生的恐怖袭击让日本国内的一批企业家惴惴不安，生怕对本就增长乏力的市场的信心再度受挫，企业卖不出东西。铃木敏文却展现出了罕见的乐观："市场再坏都会有买卖，之后的经济形势不会比现在更糟，让产品卖不出去的，恰恰是卖方执着而狭隘的'卖出东西就好'的心态。"好像是为了证明铃木敏文"心态论"的正确，7-Eleven的日本门店数在次年2月就突破了9000家，5月又引入了既能冷藏又能加热、功能更强大的立柜。

对"卖完大吉"这一思维的负面能量，铃木敏文深有感触，无论是7-Eleven还是伊藤洋华堂的卖场，都曾陷入过这样的误区。

7-Eleven有管理层对将要上市的新品进行试吃的惯例，但试吃也可以延伸到已经在货架上销售的新品。铃木敏文在巡查一家7-Eleven门店的时候，偶然吃到一款包子，由于味道实在超出了铃木敏文可接受的范畴，他很好奇这样的包子怎么会有人买，于是叫来店员问了包子每天的销售数量。得知这包子每天至少能卖出八九个时，铃木敏文吃了一惊，追问道："这么难吃的包子怎么还能堂而皇之地放在店里？看着顾客买走这样的包子，门店难道就没人觉得害怕？"尽管店员已察觉出铃木敏文的不快，但还是小心地以无所谓的口气说："总有顾客会买这样的包子，而且门店每天都能卖出去一些，所以应该没什么问题。"铃木敏文听罢哑然失笑，顾不上训斥店员或门店负责人，只是让他们先撤货。经过几次回炉改造，包子的味道终于达到可以让铃木敏文接受的程度，再次获得上架资格。

　　事后，铃木敏文谈到包子，其实是以这个包子覆盖了7-Eleven所售的熟食，在承认各人口味有差异的前提下，他话锋一转，着重分析了店员的"能卖出去就不存在多大问题"的心态。正是在如此傲慢的心态的作用下，卖方以短期内对自己有利的选择，完全杜绝为消费者一方考虑。至于为何当时不对有直接责任的员工进行批评，铃木敏文的解释是，当下级被上级批评时，关注的多半是开头几句，因为正忙着思索理由来反驳上级开头的意见，其余就不听了。况且，如果上级总是盯着下属的错误，是上级更大的错误。与其不痛不痒地批评几句，不如当场行动，让下属对这件事的印象更为深刻，今后再遇到类似情况，不用多说就能举一反三。

　　伊藤洋华堂的卖场也有过类似"卖出=没问题"的思维，细节上却算是7-Eleven"包子事件"的升级版，挖出这颗"地雷"的还是铃木敏文。

　　那次走访伊藤洋华堂的一个超市，正赶上一种塑料桶在做促销活动，不算隆重，但塑料桶所在区域的临时广告牌却非常显眼，"热卖商品"几个大字在卖场里显示出一种特有的诱惑力。然而，这些黄色不像黄色，好像也不是褐色的桶，与卖场环境实在格格不入。

　　铃木敏文找来五金生活用品的销售负责人，问这样的桶是怎么成为"热卖商品"的。负责人的回答倒也干脆，就是因为这种桶便宜。原来这种桶属于生产商之前积压下来的不良库存，价格已经降到了直逼成本的冰点，一看这么廉价，消费者也就买了。

对这位负责人来说，主要任务就是把商品卖出去，至于消费者反应如何，他并不太关心。这个款式的桶不但颜色设计敷衍潦草，在厚度、硬度方面也偷工减料，这或许是导致前期积压的根源。消费者看在价格的份上，出手揽下这款滞销货，致使桶的销量差强人意，但这并不能成为打出"热卖商品"旗号的充分理由。东西是卖出去了，一部分看重价格的消费者可能也早有心理准备，不指望这种桶能在质量和使用体验方面超水平发挥，但更多的消费者，他们理解的"热卖商品"可不只是价格低廉那么简单。这部分消费者会认为，商品热卖是以质量和功能作为支撑的，价格仅是辅助手段，自己出于对商场的信任而买了某种商品，就算对商品品质有所怀疑，也在"商家应该不会坑人"的意识下缄默不言。等消费者发现上了当，发现桶的质量就跟颜色一样不靠谱，伊藤洋华堂好不容易在消费者心中建立起的好印象也会荡然无存。商品出现热卖或售罄的情况，卖方的反应自然是兴高采烈，而铃木敏文对此做了两个更长远的思考。第一，如果是像7-Eleven的包子和伊藤洋华堂那只桶这样的商品，卖得越多，隐忧越大，但只要不再继续生产，也就意味着后来的消费者不会遇到这款劣质产品，前期卖得好从某种角度看就成了好事。第二，如果热卖的商品确实在质量和功能上都是同类商品中的佼佼者，价格也不显得高不可攀，在多方面都能对消费者形成说服力，对买卖双方都有利，只是一旦售罄，情况就变了。卖方依然会觉得卖完是件大好事，但对那些有需要却没赶上够买的消费者，会觉得在卖方这里买不到自己想要的，那么之后自己再来也很可能发生"历史重演"的剧情。这样一来，卖方的"合理"就成了买方的"不合理"，卖方得到了满足，买方就要为信息不对称之下的"物资匮乏"埋单。

另一个让卖方觉得商品只要卖完就是胜利的情境是换季，这是卖方极易"任性"的时候。

汰旧换新，为迎合下一个季节提前行动是7-Eleven一贯倡导并身体力行的经营理念，但铃木敏文同时还强调要等一等喜欢慢节奏的消费者。如果门店采取大幅度降价打折行动，把正在销售的应季商品一扫而光，非但不能确保消费者会按照卖方的思路提前行动，更可能的情况是给想买应季商品的顾客当头一盆冷水。卖方一味强调向前看，经营上过早脱离当下的特点，就容易对旧货卖光而新货未到这段时间里的缺货情况熟视无睹，反而指责消费者太任性。破解这个僵局的法门，又回到了"假设—验证"这一条规则上，卖方需要对市场做全面而准确的调查，剔除不会激起消费者购买欲望的商品，由下一季具有热卖潜质的商品取而代之。

也就是说，卖完不是终点，而应当是另一个售卖高峰的开始。为了给新产品腾地方，在旧产品的销售上发力理所应当，通过降价促销等手段加速售卖步伐无可非议，但最终结果都应当有利于均衡扩大，让收益、风险、成本保持相对均衡的成长。

至于把握某种商品热卖的方法，是属于饮鸩止渴式还是进退有度式，铃木敏文推荐利用"水井模式"和"河川模式"加以区分。

提出这两个概念的是博报堂生活综合研究所所长关泽英彦，他将回到自身消费立场上进行商品开发的市场活动称为"水井模式"，而把从卖方自身立场出发的市场行为称为"河川模式"。能让商品热卖的同时又最大限度地满足潜在消费者的需求，既避免了废弃损失，又将机会损失带来的不利影响降到最小，卖方没了商品积压的后顾之忧，买方也不会因卖方实现瞬时售罄而在需要的时候扑个空，这是"水井模式"力争实现的结局。

"河川模式"则是隔岸观火式的互动,卖方或许会因为一些机缘巧合,手里握着的商品正是消费者需要的,好比从此岸投球到对岸,总有侥幸击中目标的时候。但目标是移动的,能满足消费者变动需求的商品也应跟着时间进化,卖方不明就里,依然站在原地,以之前有一定效果的老姿势接着投球,就很难再为手里的商品找到买家。

每当接到顾客对7-Eleven的投诉信,尤其是抱怨商品数量少、店员急着将某种商品推销出手的信件时,铃木敏文会对这样的抱怨表示感激,也会深刻反省7-Eleven一些基本原则是否真正得到了从上到下不打折扣的贯彻。如果一线店员都学会了站在消费者立场想问题,并在自己离开门店,成为另外场合的消费者时体验过卖方卖完大吉背后的冷漠和功利,再回到工作中自然会接着反思卖完大吉给消费者带来的危害。更值得警惕的是,针对卖方卖完大吉表达不满并投诉的人,只是感到不满的人群中的一小部分,毕竟很多人是不会专门花时间希望从商家那里得到抚慰的,他们会以拒绝再次上门来表示抗议。

经济不景气:主打"物美"牌

从20世纪90年代中期开始,日本经济逐渐摆脱颓势。得益于大气候,伊藤洋华堂旗下的企业在营业额上表现不俗,7-Eleven门店数在1997年突破了7000家,盈利增幅也较显著。但好景不长,由于广场协议带来的影响还在持续,1998年亚洲金融危机也波及日本,来自外部的不利因素对市场繁荣形成一定阻力。日本国内也因年金制度改革等问题出现消极的变化,失业率有所上升,消费者逐渐不愿积极消费。2000年,日本经济总体上变得很不景气。2001年,虽然日本政府为刺

便利统治世界:
7-Eleven的商业渗透

激消费决定减税,但消费者还在观望,大多愿意把钱存入银行,消费意愿非常低。

商家们又祭出了降价的大旗,期待消费者看在价格低廉的份上出手帮卖方一把,却总是得不到热切回应。麦当劳的汉堡在工作日甚至只卖65日元,降价幅度达50%;吉野家卖400日元一碗的牛肉盖浇饭降到280日元;各便利店也掀起了"饭团大战",原先卖一百二三十日元的饭团跌破百元大关,只差赔本赚吆喝了。

7-Eleven虽然也有定价100~120日元的饭团,但并没有在这次价格恶斗中跟风降价,因为铃木敏文定下这样一条经营原则:价格战会让企业陷入即使产品热销也没有任何利润的恶性循环,所以要尽量避免卷入其中。7-Eleven非但不降价,反而逆势而上,卖起了更贵的饭团。

2001年,在铃木敏文提议下,7-Eleven开发出了用三文鱼、鲑鱼子等高级食材制作的豪华饭团,其中,黄金鲑鱼饭团、鲑鱼子饭团定价分别为160、170日元。100日元的饭团都少人问津,这两款定价接近200日元的饭团却炙手可热,购买的主力群体不但有经济条件比较宽裕的中老年人,还有20多岁的年轻人。《日本经济新闻》每半年都会根据市场销售情况列出畅销商品的名单,豪华饭团与2002年上半年走红一时的歌曲《鱼肉天国》名列前茅。

跟已经出现过多次的情况一样,铃木敏文的提议在开始时又站在了大多数人的对立面。伊藤洋华堂上下都对这样奇怪的想法感到不解,在经济不景气的年代,不以低价战略吸引消费者,刺激消费者购物从而逐渐让销售额起死回生,反而用更高价的产品吓唬消费者,显然是走不通的死胡同,定价近200日元的饭团几乎就是荒谬的代名词。

铃木敏文的另一条经营原则又派上用场了。在产品过剩、消费饱和的环境中,价格的高低对消费者购物意愿有影响,但消费者购买与否的决定因素在于产品价值的高低,只要有新的价值,消费者就乐于尝鲜。

在这条经营原则的"煽动"下,铃木敏文对那些陈旧的反对意见统统充耳不闻,坚持让研发团队开始工作。精选食材、精心加工,制作出了口味不同以往的可口饭团,价格比之前的普通饭团高得多,但消费者的认可说明了人们不是不愿意在经济不景气的背景下花钱,只是想得到未曾有过的新价值。

不搞低价战略不代表不可以在价格上低一点儿,关键是消费者对以低价出售的商品本身怎么看。

伊藤洋华堂的卖场曾在2001年9月美国发生恐怖袭击后推出了8200日元的西服套装。当时人们对市场恶化的担心甚嚣尘上,各大商家也尽量保持稳定,在那段时间不搞促销活动,怕的就是这些活动会适得其反。但伊藤洋华堂推出的西服套装在上市后5天就卖出11000件,反响之大连铃木敏文都觉得吃惊。尽管这样的西服套装平时价格都在上万日元,这次的促销力度也不算小,但在很多情况下,力度比这次更大的促销活动最后结果都是以平平无奇的业绩收场,消费者对这次促销的热情或许正反映出经济不景气下追求低价商品的倾向。

但消费者会一直对低价却已经不会带来更多新鲜感和价值感的商品热捧吗?

时隔四周,伊藤洋华堂的卖场再次展开促销,还是一样的套装,还是一样的价格,面对的却是心态已经不一样的消费者,得到的自然是消费者爱答不理的回应。

分析经济的景气程度、商品价格和消费者购买意愿三者之间的关系时,一种十分常见的错误是"三低"思维:经济景气程度低,所以消费者购买意愿也低,要想提高销量,商品价格就要尽可能更低。

便利统治世界：
7-Eleven的商业渗透

按一般的逻辑看，这样的推理无懈可击，可这种逻辑只是站在卖方的立场看问题，打着为顾客着想的旗号给卖方自己的懒惰找避难所。铃木敏文一贯把卖方这些人云亦云的思维看成是"18岁以前收集来的偏见"，不值一哂。

在经济不景气的条件下，消费者并不是不愿意购物，当然也不是没钱购物，日本经济水平决定了国内消费者不会真穷到一文不名的程度，很多人嘴里会说自己没钱，但第二天就揭不开锅的情况基本不存在。越是在经济不景气的时候，消费者对商品和服务的期待就越高，他们希望每分钱都花得值得，商品和服务要能带来足够的满足感。比如7-Eleven的豪华饭团，如果在推出之前对大众进行街访，问愿不愿意买价格接近200日元的饭团，估计没有多少消费者会回答愿意。可豪华饭团的热卖说明，消费者在面对美味食物时，就算价格高一点，分量少一点，也愿意消费。再看伊藤洋华堂以优惠价卖套装的案例，如果消费者真是冲着低价去的，那么四周之后的销量起码不会比第一次差，两者间的落差说明低价对消费者的吸引力是很有限的。第一次促销时，套装大卖的原因主要还在于消费者从中感受到的新鲜感和价值感，新手法给了消费者新的刺激。第二次促销，消费者心中已经很难再起涟漪，到处都是这种套装在打折促销，早就麻木了。

能否在合理范围内以更高价格出售，取决于商品能否给出高价的理由，更在于卖方能否把这样的理由明明白白地告诉消费者，双方对此达成共识的话，经济景气与否对交易影响不大。

经常能观察到这样的现象：一家大厂在开拓新市场时，总是会面临当地生产同类商品的小厂挡道，小厂的产品质量不是最好的，服务也很粗糙，就因为价格上有一定的优势，让大厂在一定时间内难免头疼。但只要大厂不为所动，在产品质量和服务上下足功夫，几个回合下来，只在价格上有一定优势的小厂必败无疑。低价在这一过程中只有搅局的作用，大厂充其量被低价搞得心烦意乱，而小厂为了维持低价优势，甚至不惜偷工减料，以图在价格上彻底击垮对方，却想不到这样的战略最终击垮的只是自己。

营销大师科特勒对商品本身和价格有一句著名的论断：经营者要的并不是通过价格售出商品，相反，要通过商品出售价格。在公平的市场交易环境中，消费者决定购买某种商品，那么对这种商品他们是认可的，认可的内容包括：包装、价格、功能、品牌、服务。在价格的认同上，又分两种情况，一种是对价格本身的认同，主要关注价格高低，但这种认同不会直接产生购买行为。另一种是对价格与价值关联的认同，商品是否值这个价是认同的根本，有了这种认同，购买行为就有极大可能发生。显然，低价本身只带来第一种认同，第二种认同需要好的消费体验和卖方有效的市场推广。过于关注低价对消费者的吸引力，卖方就容易形成一种"低价的无能"，反而忽略其他更有可能对消费者产生吸引力的关键因素。多数情况下，价格和营销能力互为因果，营销能力过低就不得不定低价，因为价格低、利润薄，无力支撑必要营销活动产生的费用。

直接看低价和高价商品，低价商品往往是沉默的，而高价商品常处于一种活跃的状态。在终端市场数量众多的品牌和商品中，最能吸引消费者的总是活跃商品，关注度一高，加上商品本身在质量方面也有足够底气的话，也就更容易得到消费者的青睐。再从高价和低价两种定位给消费者带来的直接感觉上看，虽然高价不一定会让消费者产生高品质的感觉，但低价给消费者一种低品质的印象常常是确定无疑的。零售业的主营商品决定了消费者对便利店的最大期望不在于门店硬件或带给人奢侈感觉的VIP服务，具有高质量的商品和平易贴心的服务才是便利店的命脉所在。消费者对零售业商品的质量非常挑剔，但只要商品给出了有力的理由，适度的高价反而会给消费者带来心理上的愉悦，因为高价带给消费者更高的身份认同，消费者基于展现自己高质量生活的心态，反而能够接受高价商品。

遇"大火"，先通知"消防员"

7-Eleven尚未发生过食物中毒等恶性事件，这跟铃木敏文在"小心驶得万年船"的谨慎心态下的严格管理大有关系，而发生在2000年前后的那场虚惊，再次强化了7-Eleven在消费者眼里的安全性。

一家7-Eleven门店在当天早上7点就收到了生产商发来的一批便当，但便当包装上标示的制造时间却是"上午8～9点"，很显然，这批便当"穿越"了。按7-Eleven的相关规定，发生这类状况后，负责相应门店的门店督导员应当在第一时间逐级向上报告，每一级负责人接收信息后都应快速做出反应，直到把信息报送给铃木敏文，但这次没有，商品部经理对此也一无所知。铃木敏文看到来自加盟商咨询部的报告后才知道有这么回事，而此时距事发已经有一段时间。他马上指示7-Eleven与那家生产商先中止所有交易，接着找信息报送如此迟缓的原因，后来得知，门店督导员很早就发现了这个问题，并非不想上报，而是他希望在向上级报告之前就把整件事调查清楚，为上级做决策提供更翔实完备的材料。

理由似乎很充分，但铃木敏文并不这么想，他认为商品在制造之前就进了门店在旁人看来十分可笑，而对7-Eleven来说，这事不但可悲，更十分可怕，制造时间晚于到货时间不是什么不小心，而是不负责任，是在故意造假，不可原宥。这件事表明7-Eleven的经营原则并未得到彻底落实，商品部对供货业者的教育不够深入和完善，门店督导员和区域经理的工作专业度和自觉性也有欠缺，听之任之，早晚会发生食品安全等事件。那位门店督导员应当将已掌握的信息如实、全面地上报，为上级做出反应争取时间。

防胜于治，这次"穿越"事件让铃木敏文更重视基本原则的落实，从源头上进行防堵，可以想象，这让多少恶性事件在苗头还没露出来的时候就被掐断了。而一旦成势，恶劣影响已成事实，企业就进入了危机公关程序，要顺利扑灭这些"大火"，通知"消防员"并尽力协助依然是最优选择。

危机公关是企业最后的避难所，凡是跟食品安全方面沾边的，作为上级的"消防员"能否积极作为，对危机解除至关重要，因为危机的产生并非源于别人的批评，而是对别人造成的伤害，最高领导迅速行动起来，才能有说服力地展现悔过和改正的姿态。

2011年，中国餐饮市场上大大小小的公众性危机此起彼伏。

2011年8月3日，媒体曝光永和豆浆号称的现磨豆浆实为豆浆粉的冲制品，由于色素、添加剂成分近年来饱受诟病，得知消息后，广大消费者不但认定自己被永和欺骗，更担心冲制豆浆里添加了不安全成分。永和豆浆的高层很快接到这一报告，但并没有及时做出反应，而且在多家媒体跟进报道中，还不断有店员加以否认。直到8月5日，永和豆浆才承认确实有冲制豆浆。事件继续发酵，消费者很愤怒，永和的门店一时冷冷清清。8月9日，永和的董事长和总裁共同出席发布会，坦承部分门店一直存在冲制豆浆，而且没有与现磨豆浆加以区分。永和接下来将会在店内显著位置设立标示，保障消费者知情权。对于冲制豆浆，永和保证不含任何添加剂，一旦检出将以百万奖金奖励顾客。为让消费者喝得放心，永和专程请专家在发布会上现身说法，解释现磨和冲制的区别。发布会后，尽管几家媒体继续质疑永和的危机公关，永和的经营已逐渐恢复，显然重拾了失去的人心。

半个多月后，发展势头一直势不可当的火锅传奇海底捞也摊上了大事，8月22日媒体报道海底捞存在骨汤勾兑、称重商品缺斤少两、厨师和店员在菜品上桌前偷吃等问题。这篇报道引发的轩然大波，让海底捞遭遇了严重的信任危机。但海底捞反应迅速，当天下午3点就在官网和官微同步发出《关于媒体报道事件的说明》，承认部分门店确有这些问题中的一个或几个，并就骨汤勾兑做出了澄清，回应了消费者对骨汤安全和营养的质疑。下午4点多，官微和官博再次挂出《海底捞关于食品添加剂公示备案情况的通报》，语气诚挚恳切，"多年厚爱""诚惶诚恐"等词语表达了浓厚的诚意和歉意。23日中午12点，海底捞再发《海底捞就顾客和媒体等各界关心问题的说明》，就勾兑问题和员工偷吃问题进行重点解释。这一串密集的主动出击，就是向消费者通报事件进展，原先的被动逐渐化为主动。8月23日晚8点，海底捞掌门人张勇站了出来，在个人微博上发了一封解释与道歉兼顾、说理与煽情并进的《告消费者书》。这条微博在发出后转发量很快达到4000多次，评论近2000条，影响力很大。在各种"门"层出不穷的市场上，这条微博值得细细品鉴，全文如下：

"菜品不称重、偷吃等根源在于流程落实的不到位。我还要难过地告诉大家，我从未真正杜绝这些现象。责任在管理不在青岛店，我不会因此次危机发生后就一味追查员工的责任，我已派心理辅导师到青岛以防该店员工压力太大。对饮料和白味汤底的合法性我给予充分保证，虽不敢承诺每一个单元的农产品都先检验再上桌，但责任一定该我承担。"

企业家的担当和人情味在这条微博里实现了完美的结合。

7-Eleven的便当虽然没有引发后续危机，但把铃木敏文对这件事的处理和永和、海底捞的危机公关结合起来看，遇事自保、互相推诿、丢卒保车的老做法会随着市场的成熟而被淘汰，不同的企业由于产品和服务不同，危机公关采用的手法也呈现出丰富多样的特点，但成功的公关毫无例外具备以下特点：

第一，涉事方主动承认错误。危机乍现时，涉事方在不承认错误的前提下就忙着解释，消费者只会解读为傲慢的狡辩，就算先前被揭露的信息确有出入或错讹，涉事方也当以有则改之无则加勉的态度，向外界传达改进不足的意愿和决心。

第二，涉事方主动公开与问题相关的工作流程，不回避，不掩盖。外界看得越清楚，伺机而动的谣言就越无力，消费者的猜疑也就不攻自破，对出问题的环节形成相对客观的认识。尽量避免让消费者猜疑，原因还在于：阴谋论往往很有市场，猜疑一起，基本不会走向有利于涉事方的方向。

第三，更上一级的负责人甚至是组织的最高领导出面，主动担责。丢卒保车的戏码已经不能适应现代消费者的心理，大家更喜欢看的是丢帅保车。实际上，当品牌面临危机时，高层领导出面担责更能让消费者刮目相看，这不但表明这个组织的领导有担当，总体上值得信赖，还能让消费者感受到企业的人情味，对企业内涉事的"小喽啰"进行一定程度的保护，满足消费者内心同情弱者的正义感。

第四，涉事方放低身段。这一条其实是第三条的一种延伸，在合理的范围内，涉事方把自己的身段放得越低，外界尤其是消费者就会感觉自己的地位越高，无形中就降低了对涉事方的抵制和仇视。但要注意，放低身段不是毫无底线地自贬，在公关活动中把企业贬得一无是处，消费者很容易信以为真，企业也就被种下了"死亡魔咒"。

第五，积极主动进行引导。涉事方不能听任媒体报道，更不能坐视各种不利信息在自媒体上蔓延发酵，公关需要在传播速度上更具攻击性但在表现力上能以柔克刚，最佳效果是由涉事方主导舆论节奏，引导舆论转向，逐渐化不利为有利。

以铃木敏文的经营头脑及其对消费者心理的把握和多年的零售经验，如果7-Eleven发生了类似影响度较大的危机事件，很可能会有值得借鉴的公关手法，但他"消防员"的身份多年没派上用场，足以证明7-Eleven基础工作的扎实。这是7-Eleven和消费者共同的大幸。

第二章 现场成交不纠结

选择困难症：不多不少，而是最好

消费者要的不是"多"，也不是"少"，而是通过自己的理性决策后，做出的最好选择，买方时代的消费者尤其如此。

为此，自2009年下半年起，7-Eleven重新定义了自己的经营理念——近距离的便利，"近距离"不再只是看得见的物理距离，还包含了消费者从进入门店看到商品到决定购买之间的心理距离。为此，7-Eleven在商品种类上既做出了极大精简，又保留了功能和高便利度，接连推出酱煮青花鱼、日式煮羊栖菜等能节约烹饪时间和步骤的产品。这一做法名为精选，实际是推荐，在便利店这一平台上，由卖方备齐想要推荐给买方的产品，致力打造能消减消费者选择困难症的便利空间。在消费者看来，商家对产品的精选和整理思路越是明确，在某类商品的推荐上态度越鲜明，自己越能减少内心的纠结，越能快速选定需要的商品。而7-Eleven也针对消费者易出现选择困难症的地方，成功地为消费者设计了选项。

1. 数量两难

这一思路有铃木敏文自己的思考成分，也得到了来自美国心理学家一个经典实验的启迪。

在一个大卖场里，心理学家将果酱产品分成数量不同的两组，一组有24种，一组才有6种，陈列在不同的架子上，每个架子上都贴了"欢迎品尝"的广告，两组果酱的优惠力度是一样的。实验分为两组，第一组实验时货架同时出现在卖场，但互相不在视线范围内，第二组则在两个不同的时间段分别出现在同一地点。

第一组实验，在几乎相同的时间内，从两个货架前经过的人数差不多，240～260人，在有24种果酱的货架前停留脚步的有150人左右，而愿意在只有6种果酱的货架前驻足的不过100人上下。看来，种类丰富的货架获胜了，在吸引顾客的注意力上表现得很好，而最终有购买行为的顾客数量让人大跌眼镜：陈列24种果酱的货架前，只有不到10人出手，陈列6种果酱的货架前，却有七八十位顾客将一种或几种果酱放入购物筐，占比达30%。

第二组实验所用时间也大致相同，反复实验多次，每次都集中在上午或下午的时间段，每个货架出现在顾客面前的时间都在一小时左右。第二组实验除了具体人数有波动外，顾客的反应基本一致，在有24种果酱的货架前停留的人比在只有6种的货架前停留的要多，而在只有6种果酱的货架前选购了商品的顾客数量在绝对数值和相对比例上都更高。

这个实验成功地昭示了现代消费者的一个矛盾心理：既不希望卖方提供的产品单调枯燥，没有太大选择余地，又不希望出现太多没什么诱惑力的选择，干扰自己的购物判断。琳琅满目的商品看起来很吸引眼球，却让顾客对着货架犹豫不决，生怕自己选的不是质量最好或性价比最高的，强烈的犹豫和纠葛让顾客下不了决心，最后干脆回避选择，放弃购买。与此相反，陈列在货架上的商品如果经过了卖方精挑细选，在价格、质量、综合性价比方面有一点非常突出，同时占据的展面足够给消费者形成视觉冲击的话，消费者在很短时间内就能决定，并做出购买行为。

2. 价位两难

伊藤洋华堂超市的卖场，就曾利用这一规律，卖出了成千上万席羽绒被。

一开始，卖场里的羽绒被只有两种，价格也就两档，一种18000日元的，一种38000日元的。这样的安排似乎让消费者很好选择，要质量就拿后一种，要便宜就带走前一种。但是，这样的布局又犯了另一个常见的错误：给消费者带来强迫感，让消费者在非此即彼中下决断。就算最终买了其中一种，消费者的购物体验也不会是最好的。刚展出羽绒被的一段时间，整体销量一般，卖场已在考虑给别的商品让位。但转机出现了，在决定下架前，卖场引入了另一款羽绒被，价格58000日元。这个时候，这样的决策好像极不明智，而就是这个让一般人想破脑子也想不到的方案，给羽绒被的销量带来了一次"大爆炸"。先前让顾客犹豫不决的两难困境，被38000日元的羽绒被一举击溃，因为这款夹在中间的被子，在顾客眼里不但价格相对亲民，质量可能比不上58000日元的，却也不会太差。与其买最贵的或最便宜的，不如买一个稍微贵点但质量更满意的。顾客觉得自己的决断是理性思维主动作用的结果，实际上早被商家预判时想到了。

面对着每天客流量高达3000万人的流通企业，铃木敏文坦承，就算有一定的规划甚至计划，也不可能真正符合每个卖场、每件产品的实际情况，只能将符合消费者心理的一些原则灵活运用，以经营者自身的合理性判断和经济性计算为基础采取行动。

在让消费者产生"选购商品全凭自己判断"的"假象"方面，铃木敏文反复告诫的另一点是，一定要让消费者发现商品的价值。

3. 位置两难

伊藤洋华堂很早就以小包装形式售卖年夜饭所需的食材，这也顺应了日本的人口结构、家庭观念发生的改变。由于家庭成员减少，还有一部分日本人的家庭观念比起上一代已经大为淡化，吃年夜饭的氛围不像20世纪七八十年代那样浓厚，精心准备一桌丰盛的年夜饭不再是人们所期待的。卖场第一天把小包装食材放到货架上时，消费者竟然不闻不问，一个都没卖出去。经过讨论，卖场做了变动，增加陈列的面积和数量。果然，食材出现热卖，在最开始的几天，每天都是当天上架即可当天售罄。鲜明的对比说明，卖场的判断是对的，而这种小包装产品的销路也是可以保证的。探究原因，其实还是消费者经过理性思维判断，产生购物自主感后的必然结果。

对比两天的展台摆设，第一天上架的小包装食材数量少，而且没有醒目的标牌和广告，引不起消费者注意，就算有些顾客发现了，也会觉得似乎是卖剩下的。这种心态下，消费者只要不是特别急需，当然不会购买。而增加陈列数量，所占展面也足够醒目后，消费者从对自身最有利的角度看，会觉得买这种产品不会有食材是否新鲜的顾虑，同时也会发现小包装的好处，免除了"吃不完怎么处理"的后顾之忧。

要让消费者发现产品的价值，避免发生"不值得购买"的误判，商品所在的位置也应特别关注。伊藤洋华堂在销售5000日元的开司米毛衣时，就有门店因把这种高品质毛衣放到不合适的地方而滞销。

同时上市，有的门店一天就能卖出上百件毛绒毛衣，有的店却只能卖出一两件。业绩相差太大的两家店布局相似、地理条件相似，都位于大客流的商业区。实地探查发现，卖得好的门店将毛衣陈列在服装卖场前面，顾客进入衣物区，第一眼看到的就是这款产品。而另一家门店因为正赶上冬季服装特卖，把这款毛衣放到了特卖区，比起特卖区的其他商品，高价位的毛衣让抱着买低价商品心态的顾客觉得格格不入，顺理成章地把这款毛衣排除在购物清单之外。卖场很快做出改动，把毛衣转到了服装卖场，半小时内就售出了10多件。显然，摆在正确的位置，顾客很容易地发现了毛衣的高质量，也因此说服了自己就买这款。

另一个让消费者产生思维优越感的例子是7-Eleven的饭团系列，从最初的普通饭团，到降了价的普通饭团，再到打破降价思维推出的极品饭团，都是在精简的原则下为消费者提供丰富的选择。需求不同的顾客，在饭团上有了自己的专属，而一般并没特别偏好的顾客，同样避免了在羽绒被困境里的两难选择，7-Eleven也避免了因为产品太多让顾客回避选择的尴尬。

人们对消费者排斥选择早有研究。决策过程中犹豫不定、迟疑不决的现象甚至还被归纳成为一个专门的概念——布里丹毛驴效应。这个概念的名称来源于这样一则故事：法国哲学家布里丹新买了一头小毛驴，又为小毛驴买了草料，卖草料的老板出于对布里丹的仰慕，额外送了一堆。结果，这头小毛驴就站在两堆数量、质量基本一样的草料中间，徘徊不定，一会儿考虑数量，一会儿想质量，一会儿想颜色，一会儿想新鲜度，最后在无所适从中饿死了。消费者的心理就和这头小毛驴相差无几。

面对商品，让消费者内心减少纠结，缩短从发现到购买的时间，一方面要尽可能让消费者发现商品价值，一方面要特别关注"两头回避"发生，尽量不让消费者在两种商品或商品的两个维度间徘徊。商家既能在商品种类上精简，又能提供带有中庸特性的选项，就能让消费者自己找到购买商品的充足理由。

感受值：增值服务怎么做

近年来，7&i控股集团旗下的各业态企业，以伊藤洋华堂和7-Eleven便利店为代表，扩张速度稳定，涉足的国家和地区数量有增无减。以中国内地为例，伊藤洋华堂在四川成都逐渐超越了本土的一些大超市，无论影响力或业绩表现都让竞争对手寝不安席。但观察7&i控股集团经营的业务，尽管数量越来越多，品种也不断丰富，尽管只限于零售流通业，业务的主旨却一直就两个字：便利。市场上一直不乏7&i会拓展经营领域的预测，包括7-Eleven只是伊藤洋华堂旗下便利店企业的时候，由于经营业绩一路攀升，行业内外都有7-Eleven要跨界经营的传闻，20世纪80年代末期尤其如此。

日本经济在80年代出现一波繁荣高峰，房地产行业的表现最为引人注目。当时，只要手里有闲钱，账面上过得去的公司，几乎一窝蜂似的往房地产行业里砸钱。市场表现一直很好的7-Eleven，账上流动资金不少，企业内外都有人鼓噪拿出钱来炒地产，铃木敏文却坚决反对。他的意思很明确，7-Eleven以前是并将永远是便利店，经营业务也将只限于零售服务。这番坚决的表态让呼吁跨界的声音平息了很多。但没过多久，市场预期又出现了变化。1987年，7-Eleven开通了代收费服务。代收费超出了那个年代人们对便利店功能的想象，铃木敏文只做零售服务的表态再次被怀疑。当其他便利店都追随着7-Eleven的脚步，陆续提供覆盖生活方方面面的代收代缴费服务，以及代理性质的中介工作时，业界内外早已司空见惯，直到2001年，7-Eleven再出惊人之举，开了自己的银行。

零售业再次炸开了锅,非常不理解便利店开银行的举动,这不是跨界经营是什么?媒体在7-Eleven组建银行的过程中就一再解读,等银行业务正式投入运行,7-Eleven门店也出现了作为银行象征物的ATM机,连篇累牍的报道纷纷跟进,"便利店将加速经营转向""便利店将改变时代潮流"……好像以7-Eleven为代表的便利店发生了跨越性的转折。而这些报道的实质,都集中在7-Eleven的母公司伊藤洋华堂将进军金融业,并开始向其他行业渗透的猜想上。作为当时焦点人物的铃木敏文,多次通过媒体反驳这样的猜测,并将这些臆断统统归为误解甚至是错觉。

铃木敏文反复强调,7-Eleven推出新服务,背后的动力一直是为顾客创造便利,从来没越雷池一步。7-Eleven开银行给外界带来的震动,缘于外界对这项举措实质的误解,是媒体宣传造成的,7-Eleven并未刻意追求这样的广告效应。

2000年,日本7-Eleven所代收代缴的费用,包括水、电、煤气等,总额超过6000亿日元。到了2005年,由于ATM机的投入使用,总额迅速蹿升到1.7万亿日元。对于远超预期的市场表现,铃木敏文把取得成绩的原因归结为掌握了消费者追求便利的心理。对在7-Eleven门店的ATM机上办业务和到银行柜台办业务的区别,铃木敏文进行了生动的讲解。

到银行办理业务有3个弊病。一是流程烦琐,需要领号等待才能办理。二是银行员工服务态度差。三是银行VIP客户和普通客户待遇不同,造成心理落差。但是这些弊病在7-Eleven都迎刃而解,进门就有"欢迎光临"等热情招呼,不存在取号等号的麻烦,也不会有VIP插队的事发生,到店即可办理各种缴费业务,简单快捷。就算碰到人多一点儿的情况,也能浏览门店内的商品打发时间,若有需要,正好购买,缴费和购物一站式解决。

便利统治世界：
7-Eleven的商业渗透

　　提供与生活密切相关的代收费和银行转账、结算等服务，都为便利店带来了附加价值，近年来，7-Eleven又新添了服务内容。比如东京的7-Eleven门店在2009年秋季增加了一种叫"POKEKARU俱乐部"的旅游产品，内容丰富多样，既有东京一日游，也有户外拓展、真人游戏等体验活动。这类活动的票在7-Eleven任何一家门店内的多功能复印机上都能购买。次年2月，东京的7-Eleven门店再接再厉，与政府部门合作，日本居民只要刷一下居民登记卡，多功能复印机就能出示与登记卡相关的印章登记证明等材料。7-Eleven门店不但有了银行ATM机，还通过服务延伸，成为触手可及的旅游ATM机、证明ATM机。

　　从最初离得近且全天候营业，到之后缴费的另一个选项，再到更贴近生活的银行，成为如今的社区服务中心，7-Eleven的每一步在当时看都是不走寻常路，但铃木敏文牢牢把握了"便利"二字，按照梯度原则展开，不断创造新鲜感，持续强化了顾客的忠诚度。渐次铺开额外服务，一方面是时代环境和7-Eleven自身内在发展共同的结果，另一方面也是铃木敏文"一点一点地改善比一下来个大变样效果更好"逻辑的体现，这一逻辑还可以用价值函数曲线表示。

　　价值函数曲线以坐标轴为表现形式，横轴代表逐渐增加的服务，对顾客而言则是获得的利益，纵轴表示顾客从利益里得到的价值满足感。随横轴上的利益加码，纵轴上的数值相应增加，纵轴数值并不总是跟横轴成正相关趋势。门店和顾客第一次发生交流时，门店提供了数量值为100的服务，顾客的感受值通常也能在100左右，但到了第二次，就算门店服务的数值到了200，顾客已很难有数值为200的满足。单纯增加服务数量上的规模，顾客从中体验到的满足会越来越少。这就好比单发本垒打，轨迹再高、再长，颓势从开始就注定了。改变这一趋势，就需要在每个小段的末尾增加新的动力，好比连续不断的安打（原指棒球、垒球运动中，打击手击球后使自己能够至少安全上到一垒的情形），每个区间的趋势都是经历升高、趋稳、下降的变化，但从长期的总趋势看，就是梯度上升，节节拔高。回到7-Eleven，顾客会在一段时间内对已有的产品和服务感到满足，接下来就会觉得稀松平常，要强化好不容易培养起来的忠诚度，吸引更多的人上门，不断改善、扩充服务增量就成为唯一的出路。

卖方营业额或许还是呈代数型增长，口碑却能以指数型增长扩散。但是，卖方在拓宽服务种类，提供标准服务之外的服务时，特别要注意防止陷入额外服务可能带来的陷阱。

额外服务直接的效应是品牌溢价，但也有些企业一看到某个服务亮点就立即上马，既没考虑增加额外服务是否必要，也不考虑员工是否有提供该服务的时间和精力，自然也不会考虑服务所需人力、物力等资源的消耗能否通过适当收取服务费用大体平衡。这些内容没有考虑清楚就增加服务项目，极有可能导致企业成本蹿升、员工不满。等企业发现落入陷阱，面临的选择无非是取缔额外服务，或是继续勉强坚持、向客户收取另外费用等，但无论走哪条路，企业和客户间原有的平衡都会受到影响。

在是否与网络接轨上，7-Eleven的态度极为谨慎，现在看来担心是多余的。网络在日本普及的时候，7-Eleven的犹豫正是出于避免陷入额外服务陷阱的考虑。

其实早在1998年，日本国内排名第二的便利店连锁品牌罗森就捷足先登，利用店内设置的信息终端机进行网络销售了。拥有更先进信息系统的7-Eleven，提供电子交易服务不存在技术或人员方面的问题，但铃木敏文并不急着跟进，他一直以"时机未到"为由，给7-Eleven内部想发展电子交易的人员降温。直到2000年2月，铃木敏文才点头，同意开展网购服务，7dream.com网站于7月开张。消费者可在网站上选购商品，再到7-Eleven的任何门店提取，当然，

7-Eleven也可以在一定距离内提供送货上门服务。

谈及自己态度的转变,铃木敏文认为,之前并不确定是否有很多消费者愿意进行网络电子交易,而且日本跟美国等国家不同,美国电脑普及率很高,日本则是手机的使用率更高,之前的手机并不具备比较强大的数据功能,现在智能机渐渐成为市场主流,方便了手机成为用途更广泛的网络终端,为人们通过网络进行电子交易提供了极大便利。另外,罗森的网络服务得到消费者欢迎,额外服务陷阱的隐忧随着市场发展消弭了,此时出手,以7-Eleven的经营基础,基本能够一本万利。

愉悦感:提升零售的情商

自日本7-Eleven成立那天起,铃木敏文就确立并充分运用了经营的镇店之宝——人心增值论。

人心增值论是7-Eleven员工培训的重要内容,从某种程度上讲,这就是7-Eleven服务精神的动力内核。大多数事物都没法历久弥新,用的时间越长,剩下的价值越小,人心却是毫无疑问的例外,得到后用心经营,就不会再随着时间流逝而离开,反而越久越紧密。俗话说"金杯银杯不如消费者的口碑",这就是人心增值论。人心增值论要的不但是现在,还把眼光放到了数十年之后,奔向的目标是百年老店。

7-Eleven收获人心的方法是"一体两翼"的组合法,其中"一体"指的是高质量产品,产品为7-Eleven决胜市场准备了最无可撼动的话语权,为此,竞争对手也学着这一套口诀加强内功训练,努力缩小与7-Eleven的差距。但一体之外的两翼，因为在背后为一体提供支持反而被忽视，即使看到也只会粗劣模仿。

这两翼，一是门店的外在风格如外观，以及与顾客间所产生的看不见的交流，二是店员给顾客带来的积极印象和愉悦情感。之所以说粗劣的模仿，原因在于商家不但需要以高质量产品取悦消费者，还要以高水准的服务俘获消费者的心，一些商家在服务方面只有花架子，并不能带给消费者心理上的满足感。部分商家因此抱怨，自己提供的产品在质量上不输于目标竞争对手，管理条例也对做好微笑服务做了详细规定，礼貌用语也会从店员嘴里说出来，门店总体也还过得去，怎么就是赶不上营业额在前面狂奔的对手？追根究底，两翼出了问题。

简要概括一下7-Eleven门店的外观的话，就是线条分明、端庄大气，尽管门店面积不大，也让门店在硬件形态上小而美，气势上却是大而正。红、橙、绿是7-Eleven门店的主色调，线条之间的白色地带让这3种颜色更加醒目。绿色的"ELEVen"贯穿了以红色和橙色显示的数字"7"，整个标识处在白色倒置梯形的正中央。7-Eleven门店尽量选取玻璃材质作为墙体，能避免采用实墙的尽量避免，强化门店的整洁感。透明增加了自由空间感，也让门店内的顾客尽可能少地体验到商店和卖场里的沉闷压抑，使顾客在购物时，保持心理上的愉悦感。

初次进入经营面积大一点儿的7-Eleven门店，扑面而来的是整洁有序的购物环境，门店内以纯白色打底，在角落里，搭配一些橙、绿、红色的设备，再加上以暖色为主调的7-Eleven自有商品的包装和其他商品的丰富色彩，整个门店在颜色上达到了杂而不乱、冷暖平衡的效果。

对门店内的设备摆放，7-Eleven经过长期经营，也有了自己独到的体会，ATM机、多功能复印机这样较大型的设备大致保证在一个区域,但又根据门店大小隔开不同的距离,这是为了确保即使使用人数较多也不会出现拥挤情况,同时,让上门的顾客对7-Eleven能提供的这类便利服务一目了然。大多数7-Eleven门店都有临时储物间,这也是对零库存要求的一个变通,毕竟有的商品不能一下子都放在货架上,也不能已经断货了再向配送中心请求援助。但7-Eleven对储物间的使用极其严格,要求是尽量不开启,开启后要在尽可能短的时间内完成使用。这既是出于减少因搬运货物而占用通道给顾客带来不便的考虑,更为了将一切准备工作在幕后完成,只让顾客"吃现成的"。再加上7-Eleven对清洁工作的重视,门店卫生基本不用担心。

以某个或某几个关键词作为门店彰显特色的出发点,是所有成功的商家都在有意无意运用的法则,7-Eleven是便利、可靠、贴心,哈根达斯则是甜蜜、拥有、幸福。

从20世纪90年代进入中国,哈根达斯的那句"爱她,就带她去吃哈根达斯"的广告语就让恋爱中的男女像着了魔一样,虽然在欧美地区,哈根达斯与普通甜点品牌的区别并不大,但到了中国就成了"甜点中的劳斯莱斯",其精心营造的小资情调和高品位生活氛围成功笼络了一批忠实顾客。

两翼中的另一翼是店员灵活地把握服务力度的能力,是通过具体的人展现出来的品牌情商。情商高的店员,能在直面顾客的服务细节里给顾客带来自然的愉悦。

美国俄亥俄州立大学的营销学教授布莱尔·凯德瑞和内华达大学雷诺分校的教授乔纳森·汉斯·福特建立了一种商业互动结构,特别引入了情商因素。在他们建立的模型里,当顾客和店员的情商都处在较高水平时,双方会信任对方并获得愉快的交流,顾客买了东西,店员很开心,不单因为买卖成交,还缘于之前高质量的交流体验。如果顾客情商比较低,对店员的不信任会更强烈,要是店员的情商也不算高，情况就更糟糕，现场已基本不可能完成交易，还会导致顾客恨屋及乌，对卖场背后的企业彻底失望。而在顾客情商明显高于店员的情况下，顾客除了察觉到店员一个劲儿地想卖掉商品的动机，根本不会有其他感觉，对店员的兜售态度自然不感冒。

让顾客在感觉良好的销售现场心情愉悦地购物，是对零售店最低限度的要求，这是铃木敏文们的共同体会，零售店店员的工作甚至不是为了卖出商品，接待顾客的目的是让顾客感到心情愉悦。反映到具体可执行策略，寒暄和问候是所有销售现场必须跨越的第一道门槛。

7-Eleven形成了自己的一套寒暄和问候用语，还针对熟客预备了情感互动更强的语言，但铃木敏文依然反复强调打招呼的重要性。店员用这些话语和顾客互动时，如果只是扯开嗓子机械地念出来，毫无内在情感作为支撑，顾客的感受并不好。

铃木敏文经常会收到顾客的投诉信，其中一次让他对寒暄和问候的作用有了更深的认识。

这封投诉信中写道："我在一个门店里选购了一件标价为70日元的商品，结账时店员才面无表情地说价签标错了，应该是90日元。店员不但没有为这个错误道歉，而且也没有在我离开的时候做任何表示，这让我感觉到在7-Eleven购物像在自取其辱。我觉得非常不愉快，以后再也不会去这家店了。"

当铃木敏文看到顾客的建议是"7-Eleven对店员的待客教育应该实施得更彻底"时，第一反应是"羞愧得无地自容"。面对这封投诉信和那件贴了70日元价签的商品，铃木敏文马上行动，向7-Eleven上下通告了这一在别的地方可大可小的"丑闻"，并再次强调亲切服务对7-Eleven生存发展的意义。

让顾客在销售现场感到亲切，从而心生愉悦，是一线店员的事，但要店员一年到头，每一天都能保持活跃的亲和力，又成了跟企业各项制度和规章紧密挂钩的大事。让店员能发自内心地为顾客提供亲切服务，完全可以作为企业是否脱胎换骨的标准。近些年来，7-Eleven扩张的步伐加快，别的便利店到7-Eleven挖墙脚的事情屡有发生，看重的正是7-Eleven店员训练有素的专业服务水平，以及店员与顾客发生情感交流的能力，这就是零售情商的巨大威力。

恐惧感：保持对市场的一份尊重

  2015年6月，7-Eleven宣布年内将停止在中国销售含磷酸盐的面包和便当，含反式脂肪酸的食用油也会尽力避免使用。磷酸盐作为添加剂可以改善口感，却不是产品必需的，对健康的影响也并不明确；反式脂肪酸却会加速动脉硬化。显然，这是一种防患于未然，向消费者示好的举动。尽管近年来中国消费者对磷酸盐和反式脂肪酸等成分表示质疑，尚无很激烈的反对行动，但随着中国消费者食品安全意识的强化，市场做出改变只是早晚的事。7-Eleven以为消费者考虑的姿态率先行动，跟中国本土的同行拉开距离，谋划得很远。7-Eleven认为，这其实可以算是一贯的经营原则：发展越顺利，越是要小心，在安全等方面，"胆小"一点儿总没错。

  不单是安全，铃木敏文眼中的市场是暗流涌动的，一个小失误都能把一个大企业拖进深海，工作中最大的危险，就是没有人发现和谈论危险。7-Eleven刚起步的时候，名不见经传，就算门店脏一点，产品差一点，或者食用了7-Eleven售卖的商品后出点小问题，大家可能会抱怨几句，但不会太较真，因为消费者对7-Eleven没什么期待。而现在，7-Eleven名声在外，一系列原则也为消费者所熟知，既然提出高标准要求自己，一旦出现失误，消费者就会认为整个规则都不再可信。

清爽整洁是直观上最能给门店提分的因素，做得差点，门店的形象分也就丢了。是否清爽整洁好像达不到威胁7-Eleven生存的地步，但铃木敏文一想到那个因为一块马蹄铁丢了一个国家的童谣，谨慎之心就让他一而再再而三地强调各项原则的重要。今天放松了对清爽整洁的要求，明天就可以对备货是否齐全掉以轻心，后天直接把鲜度管理丢在一边，最后完全放弃消费者的立场，以致7-Eleven成为一家脏、乱、差的杂货店，那就只能等着关门了。

在清洁维护一项上，铃木敏文不遗余力，他在大会小会上反反复复向员工宣扬保持整洁的重要性，不是因为大家听不懂，而是怕听不进去。清洁维护与亲切服务两大原则，由于要求的特殊性，一些细节很容易被忽略。只要和7-Eleven有着或多或少合作关系的企业，都知道7-Eleven管理层对清洁维护的重视已经达到吹毛求疵的地步，毫无商量余地。但也有不少的门店，由于区域总部或片区分支机构不能及时跟进强调，很快就坠入了彻底松散的状态。究其根由，门店经营者和店员并未真正把原则的重要性和必要性刻在心上，得过且过，认为只要东西卖得出去就好了。门店若以不得不做的心态完成清洁维护，既难持久，也难彻底。周边一旦出现做得更好的店铺，就可能会对门店造成一定压力。对屡教不改的门店，铃木敏文把希望转向区域店铺顾问，让顾问们坚持和店长沟通。如果长期沟通无效，就只能是区域店铺顾问亲自动手，花时间完成清洁维护了。一般只要一个星期，清洁工作就能带来显而易见的效果，而店长往往也不会默不作声，厚着脸皮看着顾问干这些本该门店自己做的事情。这一过程的最终目的，就是向店长和店员传递一个信息：清洁维护是门店应当为消费者做好的最低限度的服务。

另外,亲切服务、备货齐全、鲜度管理三项基本原则,也都会出现在铃木敏文在正式或非正式场合的讲话中。铃木敏文还用一个飞机出事故的例子来讲述这些基本原则的重要性。

飞机要起飞的时候,出现事故的概率是比较大的。一家公司从创业到开始成长,通常也是最艰难的时候,在应对外部压力时,创业者会全神贯注、小心翼翼,争取不出任何纰漏。当飞机稳定飞行后,机组短时间内可以松口气,却还要随时应对突发情况。企业也一样,业务步上正轨,好像可以松口气了,应当严格执行的制度松松垮垮,应该不折不扣落实的规定蜻蜓点水,目中无市场,心中无消费者,凡事样子上过得去就行。而这样吃老本的模式,充其量能支撑一段时间,上上下下都对潜在的危险置若罔闻,到失控的时候才如梦方醒。事实上,就算公司业绩能够爬升到一定高度,也没有"神算子"敢打包票今后就可以高枕无忧,更何况企业要没有持续发展壮大的追求,跟咸鱼有什么区别?所以,铃木敏文借对市场的尊重和恐惧,传达随时保持拼劲及活力的重要性。在7-Eleven成为业内翘楚的今天,依然不敢有丝毫懈怠。

令人扼腕的是,市场上每天都在上演悲剧,总有一直很小心的公司因放松对自己的要求而很快一败涂地。

从1936年正式成立,到现在已经拥有80余年历史的大众汽车,一直是德国制造的骄傲,产品素以精良、可靠著称,而公司成立之初"让所有人都用得起汽车"的目标所散发出来的情怀,至今为人所称道。但是,从2015年9月开始,大众汽车在尾气排放上采取"阴阳标准"欺骗检测的尾气丑闻持续发酵,各大媒体纷纷跟进。9月18日,美国环保署正式对大众提出指控,预计来自客户的集体和零散诉讼也会在接下来的时间纷至沓来。

回顾整个事件,大众汽车聪明反被聪明误,2008—2015年,在柴油汽车上安装复杂的软件，该软件可以根据轮胎的位置、车速、气压等参数自动判断汽车是否处于尾气检测状态，继而在检测时开启软件，将尾气排放控制在法定标准内，但正常行驶后，尾气排放能超标10~40倍。

尽管在几年前就有研究者对大众柴油汽车的尾气排放提出质疑，但由于研究者影响较小，大众既没做出任何回应，也没对车的尾气排放功能进行改良。这次，官方力量介入，大众终于无法沉默，除了股价大跌、预计高达65亿欧元的维修改装和公关费，大众为此付出的代价还包括不明朗的市场前景、声誉损失带来的消费者流失，教训惨痛。

从这次尾气丑闻还能得到很多启示，企业在市场和消费者面前要谨小慎微，另一个重要原因就是，媒体能量很大，信息传播的速度和广度远非前网络时代可比，"好事不出门，坏事传千里"的影响更加广泛和持久。

媒体报道属于一种"可利用性启发性思维"，即便较小的事件，媒体反复报道后也会成为一个可利用的信息；而影响力较大的事件，只要听说过，不用多次重复，也会在人的记忆里形成强大的力量，更不用说如今报纸、广播、电视、网络等媒介都会集中在热点事件上，把信息多次传递给消费者了。零售业里常会出现的丑闻报道，多涉及卫生、产品质量、工作人员服务态度等方面，卫生和安全最能扣人心弦，对7-Eleven这样熟食销售占了较大比重的便利店，一旦在食品上出岔子，媒体马上就会进入亢奋状态——没什么比看7-Eleven这样的企业自己打脸更刺激的了。创业维艰，唯勤者生，守业亦难，惧者生存。企业也有自己的生命周期，7-Eleven能否做成底蕴深厚的百年老店不可预知，所有辉煌过和正在辉煌的企业也一样，而"戒、慎、惧"对企业生存和发展的帮助，却是看得见的。

第三章　扁平化沟通机制：创造空间，反复咀嚼

"劳民伤财"的FC会议

每周二，日本的7-Eleven总部都会迎来一群"候鸟"——最早的周一就要报到，住进东京的饭店，他们停留到周二晚上，随即又会从哪儿来回哪儿去，周周如此，月月不断。这就是日本7-Eleven从成立至今一直坚持的FC（Field Counselor现场顾问）会议制度，FC总纲下有OFC（门店督导员）会议、RFC（地区拓展顾问）会议、DO（区域负责人）会议三个主要子目录，前一天还会召开两个由高层参加的讨论会，而那一只只"候鸟"，就是这些督导员、顾问或负责人了。

很难想象，对便利店事业雷厉风行的铃木敏文，以及在物流、信息共享系统方面历来讲求效率的7-Eleven，会容忍这样一个高频率、大规模的庞大会议存在。创业初期因为业务少、距离近，面对面多走动成为7-Eleven保持各部门及时沟通的优势，而在信息技术已重新定义了时间和空间的背景下，铃木敏文并没有改弦更张的打算。

很多人知道7-Eleven一直坚持这样一项制度后，好奇之外就是感到不解。7-Eleven时代以及7&i控股集团成立后，集团内部同样有质疑的声音。据统计，算上交通、住宿、出差补贴等费用，每次会议至少要花费6000万日元。除盂兰盆节和五月黄金周期间会议免开，

每年FC会议的次数稳定在50次，一年下来，30多亿日元的费用又够创办好几家公司了。电话、电子邮件等通信方式已被广泛引入企业管理，之后兴起的电视远程会议更让管理者感到便捷，能让企业的会务组织省心，也能对交通、住宿、补贴等费用达到立竿见影的节流效果。

乐于接受新式管理方式的企业管理者认为，围着电视开远程会议的人能接收到跟现场毫无二致的信息，会议结束后员工按部就班地按照接收到的指令执行。显然，这实在是太高估了管理者的人格魅力以及员工理解并消化会议内容和精神的能力。而铃木敏文看得更深入，他认为，经过各级管理人员多次间接传达到门店经营者和一线员工的信息难免变味。因此，每当有其他企业的管理者跟铃木敏文交流、探讨这样大规模的现场会议是否必要时，有的甚至直接劝诫"信息技术已经发达到今天这种水平，为什么还要做那些没有效率的事情呢？仍然这样做的也就你们家了"时，他都会对这些质疑和劝诫直接回应："只要我还参与集团经营，FC会议制度就不会动摇。"

成熟的FC会议制度从20世纪80年代开始运转，迄今已30多年，80年代之前并没有FC会议一说，但不定期的集中交流制度已具备了FC会议雏形。在这40多年时间里，每当有铃木敏文参加的会议，他都坚持把自己定位成顾客的代理人，与少则十数人多则上千人的与会者当面"交涉"，在周二上午的全体大会上更是反复把缔造了便利店经营神话的基本原则传达给与会人员，而在下午的RFC会议和DO会议上，相关人员再分组讨论，对照各项基本原则以及不同地区同事的经验，重新审视自己的工作方法和思路。

上午的全体会议人数多达三四千人，其中参会人员最多的是门店督导员，人数能占到3/4以上，随着7-Eleven的扩张而增加。人数次多的是区域负责人，2005年仅日本就有150个区域，每个区域都需要配备一名负责人。接下来的是地区拓展顾问，它的人数也随着7-Eleven的壮大而不断增加。较少的是大区负责人，日本国内的大区负责人数量屡有变动，但平均维持在14个左右。总部各主要职能部门负责人和业务骨干也会列席，他们还身负维护会议现场秩序和应对突发情况之职。全体会议的会场就在集团总部大楼地下的讲堂，装修简单，设施简陋，密密麻麻的全是折叠椅，而桌子只有讲台上的唯一一张，台下人员记笔记的时候都把本子放在膝盖上。参观过会场或观摩过全体大会的媒体人士对此的反应很一致："这几乎不像是一个年营业额以兆日元来计算的大型企业应有的做派！"集团当然也不是连修缮、升级会场的钱都拿不出手，而是铃木敏文坚持"钱应该用来做有意义的事"的理念——组织召开会议的经费不能省，对会议影响不大的花费，能因陋就简就没必要铺张浪费。

参加过多次全体会议的员工，其实都知道铃木敏文要讲些什么，7-Eleven内部流传着一种说法："FC会议上，会长每次都只是把最基本的常识变换方式反复讲。"铃木敏文也不讳言，他承认自己在全体会议上的讲话早就讲过，但就是要年年讲、月月讲、周周讲。每当总部各部门介绍完新品等信息，并宣讲上一周销售成绩优秀的门店督导员和区域负责人的成功事例后，全体会议中最重要的环节——铃木敏文的讲话就开始了。

7-Eleven有一本题为《铃木敏文会长在FC会议上的讲话讲题》的内部资料，记载了30多年来铃木敏文近2000次在全体会议上的讲话内容。日本著名新闻工作者胜见明专门就此采访过铃木敏文，经过深入交流后，他归纳出了铃木敏文每次讲话的主题。这些主题确实是铃木敏文一直强调的基本原则，也就是7-Eleven员工眼里的基本常识，包括单品管理的重要性、进货的假设与验证、站在顾客的立场上思考、走出过去的成功经验、排除滞销货和选定畅销货、有效的亲切服务、灵活应对变化等早就为市场熟知的经营理念和方法，只是每次都"改头换面"，用不同的事例和最新、最具影响力的市场案例辅助解释。无论当周选了哪个主题主讲，铃木敏文登台后都是开门见山地切入，从无寒暄或客套话。接触过铃木敏文的媒体界人士大都认为他亲切平易，而这正是铃木敏文平时的生活和工作风格，但在全体会议上，铃木敏文完全是另外一番样子。会上讲话的他语调凌厉猛狠，语气近乎训斥。整个会场除了他的声音，几乎鸦雀无声，所有人都能感受到那股无形但无可阻挡的意志，全神贯注地做着记录。如果有参会人员在会上打瞌睡，无论是什么原因，都会被不留情面地批评，严重者会直接被请离当期会场。

如此固执地频繁召开FC会议，又严格到近乎冷酷，与平时判若两人，只因为铃木敏文在会上不只是集团负责人，他更看重的是自己作为顾客代理人的身份。反反复复换着花样讲如何提高进货精度，如何完善畅销商品的进入和退出机制，如何真正从顾客的角度开展亲切服务……都源于铃木敏文对7-Eleven不能得到买方立场认可的可能性的担心。每个人都有对自己行为合理化的倾向，也会产生大量偷懒行为，这也是任何企业都斩不断的"劣根"，对7-Eleven这样的便利店，长期置身服务行业，一个不小心，就会走向传统的卖方观念和做法，用顾客的不方便换取自己的方便。一旦"劣根"成势，7-Eleven便失去了作为招牌的"便利"灵魂，而FC会议无异于一剂药效强烈的"安神汤"。

对重填了"歌词"后的"多首单曲循环"，参会的督导员或负责人常听常新。胜见明采访过几位门店督导员，他们在7-Eleven工作的时间从一年到十几年不等，有的对铃木敏文举出的事例都已听得很熟，依然不对FC会议掉以轻心。一位30多岁的门店督导员特别看重铃木敏文所提供的大量数据，尤其是当得知有其他门店督导员的业绩远胜自己时，心里会觉得紧张，进而更用心工作。听到那些业绩比较差的门店督导员的事例，非但不会觉得轻松，反而担心自己哪天也变得一样。这位督导员还认为，如果总是在自己工作的区域内打转转，容易变成井底之蛙，这样的大会正好给了自己更大的视野，FC会议也就成为7-Eleven胜人一等的地方。一位已近50岁的区域负责人，虽然觉得每周一就要赶到东京很辛苦，但会上能直接从会长这里学习到经营管理的方法，令自己受益匪浅，并主动根据铃木敏文的思路思考各种办法。如果通过层层传达，自己在接收到指令的时候当然也会照做，可难保不走样，也不会有很强的动力。

如果7-Eleven停止了FC会议制度，或者将每周一次的会议改为每季度、半年甚至一年一次，那么因为出席会议而保持危机感的门店督导员，还有因为直接听到了会长讲话而更有干劲的区域负责人，意识或业务上就会出现细小的松懈，当这些细小的松懈逐渐蔓延到7-Eleven的每个角落，很可能大学教材里的商业案例又多了个失败的典范。

心理学上有一个现象叫单纯曝光效应，指的是一件事物如果反复出现，就算不主动去关注，潜意识里也会逐渐增加了解，甚至就算是一些开始带来不适感的事物，人们也会渐渐产生好感。单纯曝光效应的产生又源于人的感知流畅性——我们在感知一件事物的时候，会根据它的复杂程度，整合记忆中已有的信息来对它做出判断。因此，一件事物出现的频率越高，我们对它进行感知的次数越多，这个过程就越流畅、越容易。这种感知时的流畅性让我们觉得轻松惬意，从而潜意识里转换为对所感知事物的好感。如此大频率曝光在众人眼前的FC会议，正是单纯曝光效应的应用，参会人员对铃木敏文反复提到的各个主题，执行起来没有了心理障碍，行动自然而然就渗透到7-Eleven的日常经营和管理中。

扁平化的讨论让信息高速流转

全体大会持续整整一个上午,通过铃木敏文的宣讲,参会的各个层次的人员,都能有不同程度的感触,但要得到深度启发,还需要更有针对性的交流探讨,而区域经理以及区域内的地区经理主持的分组会议就承担了消化、吸收全体会议上铃木敏文讲话的任务。

中午在地下员工食堂匆匆忙忙用过饭后,门店督导员们会按照自己负责门店的所属地区,分别到指定地点继续开小会。名为小会,其实也是每个区域的集中碰头会,区域经理、地区经理和门店督导员一起参加,根据各区域的具体情况,人数在数十到一两百人之间不等。

区域会议也分两段进行,首先是以区域为单位召开的区域大会,后半段是每个区域内的小地区在地区经理的组织下继续就全体大会进行学习,并总结上一周、一月或一个季度的工作,并做好下一步工作安排。

在装修、设施同样很简单的会议室里,照样是排列整齐的折叠椅,门店督导员们神情专注,俯身记录。前半段的区域会议,主要由区域经理充任老师,将早上全体会议上的会长讲话重新梳理一遍,并辅以自己所负责区域内各7-Eleven门店的事例加以说明。胜见明在采访铃木敏文的过程中,曾得到许可完整地参加过一组区域会议,由于当期全体会议上铃木敏文讲话的主题是单品管理,区域经理也就这一主题谈了自己的看法。

区域经理的讲话明显比铃木敏文的要具体一些,会结合区域内的消费者习惯,以及单品管理实施中的小细节进行分析。由于会议面向的主要是门店督导员，区域经理的讲话里关注的重点多是门店督导员与店长和店员的沟通方式，在门店订货、选货环节中门店督导员的话语权及参与程度，以及门店出现业绩停滞或滑坡后督导员如何发挥作用的问题。

区域经理讲话完毕后，都会问一句是否明白，而门店督导员们只需要明明白白地大声回一句"明白了"就行。这一仪式感比较强的环节，不但是为了给与会者提提神，也给门店督导员施加一定压力，因为之后还有检验环节，检验督导员是否在认真听讲。

地区经理随后发言，内容没有严格限制，但最好跟当期会议内容相关。据胜见明观察，地区经理们的发言已基本不牵涉比较宏观的问题，都是就自己所负责地区内的门店事例，结合全体会议上的会长讲话展开分析。在胜见明参加的一组会议上，有两位地区经理的发言给他留下了较为深刻的印象。

第一位地区经理谈的几乎全是在季节变化的基础上，根据"假设—验证"理念确定进货方向，选定畅销、重点商品的问题。他所在地区的7-Eleven门店已在筹划8月3日的蜜蜂节，以及高中棒球节、暑假等节假日期间的应对策略。"好炖"和巧克力从9月后就会成为绝对的畅销品，但这个地区经理并没有一味地指望即时熟食以及圣诞等节日推动产品销量，反而加大推动门店清理滞销品的工作力度。他另外强调的一点是，正因为畅销品卖得多，特别要防止在进货和鲜度管理上出现问题，这也是在回应当期会议的单品管理主题。

第二位地区经理以自己和门店督导员在实际工作中遇到的问题为切入点，着重比较业绩差异偏大的门店督导员之间工作方式的差异。就以"假设—验证"这一原则为例，业绩差的督导员只是简单地告诉店长哪种商品畅销，并没有立足门店的商圈和主要顾客群的消费习惯制订进货和销售计划。这类督导员自然也不会帮助门店分析店内商品的销售，确定滞销品并找出背后原因。相对而言，业绩好的督导员会站在顾客的立场，为门店量体裁衣，与店长和店员一起边假设，边验证。由于督导员需要到门店内了解具体情况，所以两种类型的督导员花费的时间其实相差不大，导致业绩差别明显的主因，就在于是否能把自己融入门店，不走形式，认真地贯彻既定经营原则。

其他地区经理也要发言，但在这之前会安排个小插曲——由业绩比较突出的门店督导员介绍自己的成功经验。在胜见明参加的会议上，那位被选中的督导员很年轻，才二十出头，介绍的是自己在进货上的一些小创新。这位督导员与店长一起进行"假设—验证"，并采取交流卡这样的形式，与店长用卡片传达信息、交流想法。"交流卡"看起来烦琐，但双方的想法得到了有条理的表述，各种方案是否可行也能一目了然。这位督导员负责的一个门店邻近区体育馆，他便与店长商定，每周都向体育馆打听一下周末的安排，如果有全家一起参加的活动，门店就在周末多进一些盒饭和果汁类饮料。这一假设很奏效，门店的盒饭销量比之前高了不少。

每个区域会议上选择的优秀门店督导员数量不一，一般在两个以内。门店督导员介绍先进经验环节过后，又到了地区经理的发言时间。这期间发言的地区经理会被要求把经营的各项数据加以展示，并介绍自己每个月、每个周的行动计划以及完成的办法。会议室的投影仪上，各种分析数据连番出现，包括各经理所在地区的门店业绩、督导员的成绩排名等，地区经理的每个结论都要用数字说话，信息量极大，分析也很细致。这一过程要持续两个小时左右，但事关各位督导员的业绩和奖励，所以与会者注意力全程高度紧张。

本阶段发言结束后，可以休息10分钟左右。

后面的会议继续缩小规模，各位地区经理将带领自己对接的门店督导员开展地区会议。这项会议人很少，每组人数多在15人左右，

7-Eleven内部称为分组讨论。分组讨论的形式更显随意，三三两两靠墙而聚，依然是简易折叠椅和一两张简单的桌子，桌子上放一台投影仪，投影幕布都不用，直接投影在墙上。

分组讨论的成员平时工作联系多，关系熟，讨论的气氛相对轻松，大家就业务方面的讨论，更有交流的味道。讨论依然先由地区经理开始，首先将区域会议上的成功案例进行解析，值得本地区借鉴的重点说明，以期活学活用，可以直接采取"拿来主义"的，现学现用。地区经理发言完毕后，接着由本地区内业绩较好或有创新动作的督导员发言，介绍自己的经验或准备实施的方案给与会人员讨论。其他的督导员也可以根据当期全体会议的主题或工作中的新发现发言，对于业绩靠后或垫底的督导员，地区经理则会鼓励大家群策群力，找出"病因"。因为气氛比较轻松，被"挑刺"的督导员并不会感到尴尬，并能在对比中认真反思工作思路和方法上的问题。

区域会议和分组讨论在形式上是全体会议的延伸，实质上却是对当期会议主题的反刍和消化，从上午到下午，极其紧凑的会议安排构成了大信息、中信息、小信息的层层递进，也形成了大问题、中问题、小问题的处理顺序。

铃木敏文以顾客的代理人自居，同时又是集团的掌舵人，就某主题主讲的时候，既能从整体发展的战略角度着眼，又可以从一线店员很细小的待客细节甚至是商品包装等方面出发，切入点可大可小，集团宏观运行或微观上顾客的心理交替穿插。区域会议和分组讨论促使铃木敏文的意图及时地传递到门店督导员，在三重强化下被吸收并领会。整个FC会议的架构将平时原本垂直的管理体系向两侧延伸，趋于扁平化，让高层的理念与一线员工的理解尽量靠近，实现了卓有成效的信息共享。

有穿透力的督导：和门店一起参谋

FC会议结束后，不少门店督导员都是连夜赶火车或飞机，回到自己负责的地区巡视门店。每位督导员手上的门店数量在10个左右，有门店新开或关停会随时调整，力争实现督导员和门店数量配比的最优化。7-Eleven采取的连锁经营体制，决定了便利店是加盟店与总部共同的事业，督导员也就有了双重身份，对加盟店，他们是总部意志的代表，而总部则更愿意把这些督导员看成是能为门店出谋划策的流动的门店参谋。门店督导员制度确立伊始，铃木敏文对这群总部派到各地"钦差"的职权定位就是给店长们提供恰当的建议。

7-Eleven在选定加盟店店长的时候，偏好一对夫妻经营一个店的模式，既出于后续经营稳定的考虑，也是基于追求效益最大化的经营理念。因为夫妻合伙经营，更有提高营业额的动力，在改善自己生活条件的同时，也间接为集团创造更大的价值。这也决定了店长不会太年轻，以中偏老年龄层为主，而且这些店长之前就会有一些经营的经验，常会把自己看成是做零售的内行。而门店督导员多为二十来岁的毛头小伙，没有突出的能力根本没法跟店长交流，更不用说指导店长了，只有那些能力强的督导员才能真正充任总部和门店之间的黏合剂，而对能力强的解释，铃木敏文概括为"有穿透性的交流能力"。

有穿透性的交流能力并非对话术，并不是热闹地与人交谈。对话的技巧再成熟，像政治家一样能言善辩，也难以说服在生意上精明的店长，反而被看作油嘴滑舌之徒；语言技巧再高超，能与店长谈笑风生,如果都是在扯闲,也很难对门店营业额的提升有实质性的帮助。每个刚到7-Eleven,预备成为门店督导员的新人,无论有多丰富的履历,在应聘的各环节表现多优秀,都需要先到由总部直营的门店从普通店员做起,成为合格的店长后才具备督导员的履职资格,才可以到指导一线走马上任。

铃木敏文认为经营就是破坏和变化——破坏那些僵化的行为和思维,随时准备让不合时宜的法则发生变化。铃木敏文在各个场合反复强调破旧立新,随时应对变化的重要性。但正如他所言,如果只是单纯传递信息量,他把演讲制成录像,再把这些录像带交到每个门店,店长和店员像看连续剧一样每天看就行了。可现实是,店长们并不需要听一个男人喋喋不休地进行说教,甚至这些有着数年乃至数十年销售经验的店长对总部的一些指令或建议不以为然。面对面交流的重要性还在于,互动过程能锻炼人的敏锐度和反应能力。

尽管每周一次的FC会议为督导员提供了最新信息,以及改进和努力的方向,督导员也不能只满足于做一个传声筒,那样只会给店长留下"就是个跑腿的"印象。铃木敏文几乎在每次全体会议上都会强调,督导员们对提供给店长的信息应该自己首先消化,再择取能够适用于门店的部分,从对方的反馈中获得有助于解决问题的信息。

位于千叶县船桥市城区的习志野台店1977年开设,是千叶县第一家7-Eleven门店,也是日本国内的第十四家店,店长佐藤如今年近古稀,他在经营便利店之前也从事销售,这样一算,可谓是经验丰富了。习志野台店的店员工作时间也都很长,平均在10年以上,从店长到门店,在7-Eleven体系内都算得上是德高望重。

负责这家店的督导员是田中信弥,刚接手的时候还不到30岁,他之前在一家大银行工作,但因对银行将自身利益凌驾于客户之上,自己工作上的成功不一定能给客户带来实际利益的现实不满,辞职转行到流通业。经过两年的学习和锻炼，田中信弥在7-Eleven的直营店先后做过副店长、店长，最后分配到了船桥市城区当门店督导员。

习志野台店业绩一直不错，属于7-Eleven的优良店，而佐藤店长不但年龄较大而且经验丰富，田中信弥一开始在佐藤店长的眼中只是一个乳臭未干的晚辈。经历了一番严格考验后，田中信弥用自己专业的眼光和数据指出店方漏洞，才换得佐藤店长的态度由冷到热的转变。在这个过程中田中信弥还不断诚恳地向店方提出合理化建议。

习志野台店所在地段综合条件好，商圈内有数个小区，还有日本大学理工学院，超市和其他品牌的连锁便利店一家接着一家开，竞争越来越激烈，而习志野台店在这样的变化中好像进入了一种停滞状态，内部经营都是萧规曹随，去年的经验甚至安排今年也接着用。店方也有要做些改变的想法，想有一些新挑战，田中和门店的想法不谋而合。

虽然已取得店方信任，田中和佐藤之间还是在不少看法上存在差异。像碗面系列，有每周能售出50个的，也有一周销量不到10个的，田中当然想把每周销量不到10个的切割掉，但佐藤认为这样的碗面也有固定顾客，能卖就没必要撤架。排除滞销品是田中改革"一揽子计划"中的重要部分，但他也明白互不相让的争论无济于事，就建议佐藤先试验两周看看。得到佐藤同意后，田中指挥店员换下了一批低销量产品，扩大畅销品的陈列面积，结果第一周就有了明显效果，换了商品的货架单位销售额是之前的3倍以上。

算上钟点工，习志野台店员工数量多达40人，田中感到员工并没能拧成一股绳，无论在士气或忠诚度上都还有很大的提升空间。为此，他向佐藤提出，让经验丰富能力强的钟点工参加即将开张的新店所招用钟点工的训练。训练结束后，这些钟点工充分认识到信息共享的作用，并从中体会到了成就感，干劲越来越足。门店每月一次的员工会议气氛更活跃，对门店内存在问题的发现和处置更加及时，田中和佐藤都感到员工的积极性已被很好地激发。钟点工们甚至主动收集商圈内竞争对手的经营信息，打探商圈内学校、公司等人口密集地区的活动，按照获取的信息进行"假设—验证"。

  佐藤等店长给了田中很高的评价，认为田中眼里没有年龄、工作时间长短等因素的偏见，对店员一视同仁，耐心教育。他把负责的各个7-Eleven门店都当成"我们大家的店"，以经营"自己的卖场"的精神完成工作，给大家合乎门店特点的经营建议，令人放心，值得信赖。

  显然，类似田中信弥这样的优秀督导员就具备铃木敏文所说的"有穿透性的交流能力"，而著名的咨询公司麦肯锡的价值观里的三大基石，则从理论上解释了这种能力的本质。

  三大基石包括专业主义、事实依据、高层观点。

  交流是双向的，发起的一方需要确认自己希望从对方那里得到的反应在哪个层次，立足于理解、思考、判断、建议一直到采取行动整个环节进行分析。督导员自然希望门店在自己的推动下有所行动，这首先就要明确，说什么固然重要，更重要的是自己想为对方解决的是什么问题。在此基础上，督导员消化了7-Eleven经营的基本原则，再辅以实际案例，就能以专业眼光分析问题产生的根源所在。田中信弥能结合门店实际再提出意见，根据有力的事实资料再现过程，避免臆测和估计，让他的观点有可信度。督导员要对门店进行指导，在眼界上就不能跟门店站在同一水平线，店长可以只盯着小商圈或几个月内的经营做文章，督导员放眼的是多家门店和单个门店效益的共同优化，还要关注竞争对手带来的冲击，要的是俯瞰一定范围内全局的能力。

店员不是成本，而是成事的根本

自7&i控股集团成立，这个囊括了便利店、大型超市、百货商场的巨无霸的一举一动都足以给市场留下争论和想象的空间。在旁人看来，这时候的7&i控股集团以7-Eleven为灵敏的触手，伸向城市的大街小巷，又以大型超市和百货商场坐镇四方，时不时举办几次购物返现或以旧换新的大活动，在日本零售市场上是毫无争议的独孤求败，尽可高枕无忧。铃木敏文却依然是战战兢兢，一直在为集团开辟新天地，THE PRICE在2008年以新业态出现了。开发新业态也让铃木敏文对店员、门店以及企业的关系再次深入思考。

2008年8月29日，THE PRICE一号店西新井店在东京足立区开业。发展新业态、扩充现有经营形式在铃木敏文心里已经酝酿了很久，但从铃木敏文发出要上马新项目的指令到THE PRICE一号店开业，前后仅仅花费了两个月的时间。在第一个月，由于刚成立的筹备组充斥着"这么短的时间，不可能以新形态开一家新店"的质疑，而且铃木敏文也没有步步跟进，导致前期工作几乎没有开展。当距离开业时间只剩一个月的时候，铃木敏文才再次过问并得知筹备组第一个月几乎无所事事，他果断地否定延期或其他方案，反而严令筹备组，务必按时完成。筹备组在重压之下，短时间内突破重重困难，硬是赶在期限内完成了任务，筹备组自己也大感意外，都觉得"没想到我们竟然做成了"。

试想，一旦只把筹备组成员看成是拿工资才能喂饱的驯兽，继而怀着对立的心态，在筹备组进展不利的时候大加训斥，THE PRICE

一号店能否顺利开业未可知,这种心态带到平时的管理工作中的话,7-Eleven的事业是否能走到今天,控股集团是否能诞生,都要画上大大的问号。

在铃木敏文的管理思维中,人是一种善意的高级动物,具有天然自勉能力,也符合经济学对效率的追求。当店员被看成是善意的高级动物及有着强大主观能动性的智能发动机时,其所迸发出来的爆发力,给门店和企业带来的经济效益、形象效益都是出乎意料的。

THE PRICE一号店成立后,铃木敏文并未过多干涉门店的经营和运作,除了定下门店商品的售价要低于伊藤洋华堂卖场20%~30%的条件外,将门店的决策权放到包括店长在内的全体店员手中,让这些一般意义上的人力自主发挥,看看是成本制造成本,还是成本制造利润。

开业前,THE PRICE项目负责人把包括临时店员在内的全体员工召集到一起,进行了简短的誓师动员,一番讲话既稍显悲壮,又表达了勃勃雄心。

在商品售价要比伊藤洋华堂的超市普遍低20%~30%的要求下,THE PRICE不得不从采购开始,就尽可能减少浪费,降低损耗。群策群力下,THE PRICE一号店不但把在7-Eleven行之有效的集中陈列方式在门店内发挥到极致,还稍加改进,彻底推行了"集约集中式贩卖"。店员们以主人的心态出谋划策,不把自己当外人。凡是不利于降低成本、提高效率的陈规陋矩,经店员提出并讨论后,公认不合适的立马革除。以主人心态完成工作的店员,成了一台台"成本降压仪"。一个也在THE PRICE工作的资深打工主妇对项目负责人说:"最近时间好像过得特别快,我觉得现在的一天好像只有以前的半天。"

全员共同努力下,THE PRICE一号店业绩出现了超出预期的增长，门店出现前所未有的生机，从伊藤洋华堂超市转过来的员工不想再回去，纷纷请求留在THE PRICE。之前一直不习惯穿红色套头衫的一号店店长，现在把套头衫看成是在集团里说话的底气。充满信心的店员们以更饱满的干劲投入工作，门店形成了踏实肯干的店风，店员们也在心理上有了越努力越振奋的良性循环。在不到一个月的时间里，一个个精神饱满，声音洪亮，项目负责人也激动莫名："出现这样的精神状态简直是完美的进化。"前来购物的顾客甚至也受到感染，来打听能不能加入THE PRICE。

凡把员工看作创造企业利润的功臣，把为员工提供工资、福利保障等视为理所应当的企业，常常在和员工的关系中占有主动权，因为员工会感受到另一种幸福的压力：同行业内，企业所提供的来自物质和心理方面的满足感处在较高水平的话，员工就会有主动提高工作业绩的危机意识——跳槽到其他企业就会出现落差，自然不如为企业尽心尽力干。长久下来，企业的优秀人才流失率会处在低位，需要付出的招聘、培训新员工的成本都会降低，而员工的积极性也得到了发挥，更努力发挥潜能的结果是企业整体绩效的上升。更重要的是，不把员工看作成本，能为他们提供行业内高水平的保障，企业就不需要再用其他方式保证员工的忠诚度，开源节流后整体利润就随之升高。无怪乎不少企业管理人员形成一个共识：在合理范围内，为员工提供最高水平的工资和福利的时候，也就是企业利润率最高的时候。

铃木敏文曾研究过一家日本企业：未来工业。

未来工业是日本一家专门从事建材产品制造和销售的公司，以"全日本休息日最多的公司"而为人们津津乐道，另外，它的高水准工资、奖金，也让不少研究者对其充满浓厚的兴趣。

未来工业员工的休息日保持在145天左右，每年的标准带薪休假是20天，除部分管理人员外，员工的这一休假申请都能得到批准。

赶上公司组织全体员工海外游，假期总天数就高达170天左右。未来工业每天的上班时间也只有不到7小时，从早上8点30分到下午4点45分，午间休息一个多小时，上午10点和下午3点各有近半小时的休息时间。未来工业也没有加班一说，或者可以说是反对加班。公司正在考虑推行加班就罚款的措施，一旦施行，在未来工业本已少见的加班现象就会彻底绝迹了。公司也没有打卡和制服制度，前面的不加班出于对员工健康的考虑，不打卡不但是表达对员工的信任，也为了方便员工协调公事与私事，不统一定制制服，则是为了让员工彰显个性，但制服钱却没省下来，因为公司每年都会为每个员工提供10000日元的衣物补贴，由于物价上涨，补贴费用逐渐提高。

就是在背负了如此沉重的一笔"员工成本"的情况下，未来工业从1965年成立至今，研发新品超过20000件，公司取得各种专利、知识产权、工业所有权总计近5000项，最近20年年均销售利润保持了5%以上的增长速度，完全不受经济不景气的影响。2014年，总营业额更是高达430亿日元，毛利约50亿日元。业内一大批相当规模的同行攒足了劲让员工加班工作，在人力成本上一压再压，仍然没能在利润上赶上未来工业。

由于行业的特殊性，7-Eleven当然不能在休息时间或福利保障方面跟未来工业相比，但在不把店员当成本这个理念上也体现出了自己的风格。

一个在东京某高密度住宅区的7-Eleven门店工作的女士，曾经在另一家品牌连锁店干过一段时间，如今已成为7-Eleven店员的她，对比两段工作经历，心里对7-Eleven不但满意，还有感激。在之前那家便利店工作的时候，这位女士不但学不到订货方法，货要是进多了卖不完，还要被扣工资，整个店的店员对订货都唯恐避之不及，而店长怕店员偷懒，还常在办公室通过监控器进行监视，这种做法自然引起店员的反感，门店店员流动性很大。而这位女士现在工作的这家7-Eleven门店，店长把日常订货业务一揽子地交给店员，包括来打临时工的学生，也有订货任务，自己则把时间花在为大家提供建议和协助上，店员有需要只要招呼一声，马上援助。

这位女士现在不仅要负责鸡蛋、咸菜、火腿和奶酪等商品的订购，还要根据7-Eleven的"假设—验证"原则和方法，确定重点商品并展开推销。由于这位女士每天都只工作到下午，在她下班的时候就在收款机上贴一张便笺，写上"今天××商品是重点商品，请给顾客推荐"。接着来上班的同事看见了，就会尽心帮着卖，其他人遇到相同情况的时候，也都可以这样让人帮忙。这位女士说："这种互相信赖、齐心协力的关系，让人从心里觉得感动。"在这家门店工作的无论是正式店员还是临时打工的学生，干的时间都比较长。负责这家门店的区域负责人跟同事交流时，总结这家店经营成功的秘诀是"不把打工的学生或家庭主妇当成一个小时几百日元的成本，所以大家都愿意在这里干，也都发自内心地尽力干"。这家店当然也出现过打工的学生造成订货损失的情况，但他们的应对原则是：工作上的损失就通过工作挽回。对自己造成的损失，他们会在今后更积极地向顾客推荐、推销，更亲切地展现门店高水平的服务，用增加的销售额和给顾客留下的好印象来弥补。

戒低效：激活员工的"想做"心态

铃木敏文总结过员工工作中的3种心态：

一是want（想做），自己愿意动手。

二是can（能做），自己能做但未必出于本心。

三是must（必须做），强制的意味比较浓厚。

无论是应对日常工作，还是面对专门负责的项目，员工的want激活，方向也正确的话，那么就算can不足，没有来自must的压力也能一路高歌猛进，但并不是所有员工都有如此强烈的进取信念和事业心。铃木敏文相信人是善意的动物，但也相信善意需要有正确的刺激，才会有正确的反应。即便再懒惰的马，一旦身上有马蝇叮咬，它也会精神抖擞，努力飞奔，这就是马蝇效应。

作为一只"马蝇"，铃木敏文的"叮咬"有两种方式——一是追问，二是追踪，目的都是让员工成为一个既能独立思考也能独立行动的人，继而让集团上下都成为集团进步的动力源。

近年来，草食一族成为日本国内非常流行的亚文化，这群男男女女不会有太高的生活追求，在面临选择的时候常随波逐流，对社交活动能免则免，铃木敏文在对这种亚文化警惕之余，也强化了企业内部对员工主动性的培养，明确要求员工对自己的工作一定要有自己独特的想法。

铃木敏文与员工进行正式或非正式交流时，常追问"你是怎么想的""为什么这样想"，只会说"是、是、是"的员工，难免被他一顿训斥。据铃木敏文回忆，小时候遇到事情，他的父亲并不会越俎代庖，而是先问他对这件事的看法，产生这种想法的原因，以及他能想到的应对办法。长此以往，铃木敏文很早就养成了独立思考的习惯，实际上，从1953年在中央大学读大二，以学生自治会总书记的身份参加反对剥夺学生选举权示威运动开始，事情无论大小，铃木敏文就都有了自己的思考和决断。

曾有心理学家做过一个实验：课堂上化学老师声称要测验溴液气味的传播速度。瓶子开盖15秒后，前排学生开始举手，说闻到了味道。后排的学生接着纷纷说确实有股臭味。事实上,瓶子里就是红色粉笔的粉末搅拌而成的普通液体。前排学生的反应出于老师的误导,而后排学生则是因为从众和懒于思考,和前排保持一致。

"追问"让员工主动思索,但更多的情况是"想破脑子不如甩开膀子",哪怕是一些比较具体细小的工作,如果重要,铃木敏文也会有意识地加以追踪,查询进度,并在必要时设立工作期限。铃木敏文对设立工作期限的作用深有体会,7&i控股集团旗下的新业态THE PRICE在预定期限内开业后,设立工作期限,并在一定时间点加以追踪,就成了铃木敏文和集团管理层推进重要工作的一大法宝。

假设一项工作没有确定期限,中间也没有任何及时的追踪督促,时间一长,事情又多,原先没预料到的新问题更是层出不穷,员工或工作组就会以"可能还要一段时间""问题太多了,解决过程费时费力"等借口为由一推再推。而期限一确定,只要时间不短到离谱的程度,负责推进的人员就会在期限的压力下发挥积极性,提高效率,分段把握节奏进度,遇到问题会主动寻找解决方案,排除白费功夫的工作、非本质的工作、不需要做的工作、本末倒置的工作,直奔核心,高效完成。

曾有3个年轻女员工提出,希望把7-Eleven门店内包装用的瓦楞纸由茶色改成白色。

这个建议引起了强烈反响,铃木敏文得知后也十分感兴趣,他首先向这3位女员工进一步询问产生这种想法的缘由。员工告诉他,在选择包装袋时,顾客更倾向于白色的,尤其是女性顾客,对白色有着天然的偏爱。另外,白色包装更容易对人形成视觉和心理冲击,运送的商品如果采用白色包装,运送者会被暗示白色代表着干净,从而有意识地轻拿轻放,减少破损。

铃木敏文对此极为赞同,亲自出马跟提供包装袋的东贩图书出版代销公司交涉。但是,"包装材料就该是茶色瓦楞纸"是多年来物流行业不成文的共识,另换颜色肯定会支出额外的成本,代销公司觉得换颜色多此一举,而平时7-Eleven门店也从未收到过顾客不满包装纸颜色的投诉。

换作其他公司,事情到这里就可以戛然而止了,而提意见的员工在得知这些不利消息后,不再多事。但铃木敏文反复跟东贩图书出版代销公司交涉,同时让3位女员工更加具体地描述换色的目的和目标。这3位女员工也以非常高的热情对改用白色包装后可能出现的销售增加、破损减少等预期效果进行数字化分析,意见有了更坚实的依据。铃木敏文带着更足的底气与代销公司沟通,对方最终被说服。这个当初让人感到不可思议的建议完成了由理论到现实的转变。

后续的工作交由3位女员工落实,相关负责人全力配合,尽快让这项工作在7-Eleven铺开。

当主动工作为成为集团的内在文化后,主动思考和行动成为员工的习惯,甚至连追问和追踪都不再需要,这样的事每天都在7-Eleven发生。

由于实体书店接连关门,7-Eleven门店担负起了书店的部分功能,店内也会摆放一些畅销书籍和杂志,而预约预购服务成熟后,7-Eleven门店就有了便利店和书店的双重职能。一位员工了解到,有很多实习医生和护士尽管对医学书籍有很强烈的购买欲望,但他们平时很难抽出时间买书,网上找书又费时费力,为了解决买书难这个问题,这位员工设想了在网上开办医学书展销会的活动,为此不断造访医学出版社,积极地介绍自己的想法。多家出版社都对此极为感兴趣,派出专人协助,展销会办得有声有色,一些出版社的书借此大卖,而人们才意识到,原来7-Eleven还可以做这些事情,经营的业务能如此丰富。

还有一位员工，由于自己也负责门店内畅销书和杂志的进购、销售工作，对书籍比较敏感。一次，他在出版社的仓库里发现一些原来非常有人气的漫画，突然灵感闪现：曾经买不起成套漫画的小孩子现在已多为手头宽裕的中年人，如果把过去的人气漫画集结成套，通过7-Eleven门店单独销售，漫画的销路一定不错。这个意见从提出到最终瓜熟蒂落也经历了类似瓦楞纸由茶色改白色的过程，但这位员工的坚持和主动，以及行动的高效，最终让不可能变成了可能。成套的人气漫画果然很抢手，员工在思考和行动上的积极进取得到了丰厚回报。

让员工行动起来并不是让一伙人一拥而上，行动要高效，人数还应尽可能少，每个成员都应该是不可或缺的，而且最好可以随时切换到队友的"战壕"里，胜任各项任务。这里面既有防止出现"三个和尚没水吃"这种推诿扯皮情况的考量，也有尽可能减少"两块表两个时间"这样混乱状况的考虑。著名的"旁观者效应"说明，在危机现场，在场的人越多，见义勇为的人就越少。一般都认为，人手一多，时间一充足，工作也就能做得更细致，其实这只是一种错觉。每个人的分工看上去好像都很明确，其实形成了割裂，造成工作的断层，总体风格和方向会在各方掣肘中变得支离破碎。精简行动人数，形成最精悍的配置才有利于信息的准确传达，只有少数人需要共享信息的话，就算有什么变化，也是船小好调头，能迅速做出反应。同时，每个成员都有独当多面的机会，既看得见自己的"一棵树"，也能看见集体的"一片森林"。

高效运转的员工或工作小组需要被赋予更大的灵活性，具体表现就是要在合理范围内获得最大权力，但放手让员工操作只是要让上级更加尊重他们的意见，将权力下放，并非甩手不管。

一些上级喜欢以放权任事为幌子，掩盖自己判断力弱、决策力低的本质。但是，下一级员工或一线工作人员很容易只顾眼前，并不具备从更高层次思考问题的眼光和能力，上司又拿不出有效方针，以尊重下属为名任其自生自灭，很难想象这样的员工或团队还能积极高效地做事。由于战略目光浅薄，执行任务的员工或团队只会被搞得疲惫不堪，陷入保守心理，为自己找一串做不到的理由。相反，员工或团队在一筹莫展、停滞不前的时候，上级及时现身，积极出谋划策，并鼓励他们大胆挑战，表现出统帅的担当和气度，这样的领导才是高效团队的坚强后盾。

第四章　未来经营的变与不变

一粒百行：经营要在石头上坐三年

在创业30周年的2003年，日本国内7-Eleven门店数量突破10000家，40周年的2013年，突破15000家。在这一过程中，铃木敏文却从未设立过类似"在××年新开××个门店"的目标。在公共场合，当铃木敏文被追问目标开店数或营业额时，除非实在避不过去了，他才会含糊其辞地给出个很大的区间。

一直以来，7-Eleven没用过充满豪情壮志的口号，没有"向××个门店冲刺"这样振奋人心的"×年计划"，媒体关于7-Eleven的报道多与经济环境有关，以7-Eleven的起起落落作为经济变化的风向标。不知不觉间，7-Eleven的门店在城市各个角落落地生根，已成为不少日本人生活的"日用品"。而部分后知后觉的媒体惊讶地发现，7-Eleven"社区服务中心"的定位赋予了门店极大的发展空间，门店大有成为社区生活枢纽的势头。对7-Eleven如今巨大的规模和对日常生活的充分渗透，铃木敏文只看成是类似一粒米的成果，而在背后却是一百份的行动和功夫。这就是铃木敏文推崇的法则———一粒百行。

比起"一分耕耘，一分收获"这种及时而公平的回报，一粒百行不但要放长线，很可能只钓到小鱼。钓小鱼不会有捕到鲨鱼的兴奋，但每天钓一条或几条，最后也能丰收满舱。极地探险家本·桑德斯曾

便利统治世界：
7-Eleven的商业渗透

5次单人征服北极的著名冰川，还打破长距离滑雪的世界纪录，在南极近3000千米的无支援极地探险活动更给他增添了传奇色彩。当他谈到自己的探险活动时，没有雄心壮志得以实现的激动，而是强调他在征服冰川的过程中，只不过每天不断设立向前方的冰面再行进几千米的目标，根本不敢奢望一蹴而就。征服冰川和征服市场，在每天走完一小步的思维下共通了。

如今，在日本国内，便利店的市场蛋糕主要由3家分食，门店数和店均营业额等诸多指标都显示7-Eleven是毫无争议的老大，随后是罗森和全家。后两位都由大商社主导，7-Eleven则是"独行侠"，日本国内便利店大致分为7-Eleven派系和商社派系。两大派在市场份额面前是竞争对手，而在经营方法和手段上，罗森和全家不断向7-Eleven靠拢，即引入类似7-Eleven的信息共享系统，并大力落实单品管理，凡证明在7-Eleven取得良好市场反应的经营手法都做了移植。这样看，罗森和全家就成了7-Eleven的学生，而且野心勃勃，都希望能取而代之。不过它们青出于蓝的可能性比较渺茫。7-Eleven在店日均营业额指标上高出另外两家十几万甚至二十余万日元，这样的差距已持续近10年，在3家便利店的服务内容和方式日益同质化的今天，并不是因为7-Eleven在质上与另外两家有明显差距，罗森和全家的商品以及服务也赢得了一批忠诚的消费者，但始终赶不上7-Eleven，都是临界点在捣鬼。

临界点强调，无论多小的变化，积累到将要引发质变的临界点，就会引发爆炸性效果。一粒百行很漫长，获得那一粒的同时，其实已同步积蓄了巨大的能量。铃木敏文避谈开店数和营业额的目标，但在经营7-Eleven时，以单品管理为代表，每个课题都在分解成再难细分的细节后坚决执行，连临时工店员对顾客的问候和寒暄都从不马虎，而每周花费巨额资金召开的FC会议也不敢有丝毫松懈，几十年的坚持，点滴积累，脚踏实地已成为偷不走的企业文化。看起来各家便利店差别都不大，你有的功能我也有，你有但我没有的也能很快开发出来，但一粒百行浇灌出来的门店，自身就散发着一股强大的气场，提供给消费者的不只是商品和便利服务。

不随口说出数值目标，除了铃木敏文对日积月累才能打下坚实基础的坚持，还有另外的顾虑。

便利店事业关键不在数量多少，最优先考虑的是提升现有每个门店的品质，这才是铃木敏文的目标所在。公开宣扬要新开几家店，在夸张数字的催促下进行盲目扩张，一不小心经营就歧路亡羊。如果企业全体成员都能充分理解开万家店的用意，自然不会为凑数字而做表面文章，但这样的理想状态，只存在于太阳城里的乌托邦。

如果铃木敏文说出"目标是1万家店铺"的话，消息传播速度就会比兔子跑得还快。在内外共同压力下，为达到那个数字目标，7-Eleven上下会有意无意地在工作中表露出开万家店的意图，负责门店开设的部门压力最大，最容易为了完成门店数量增长而放低准入门槛，之前必须坚持的各项硬指标也会放宽标准。最后，目标数值达到了，门店的质量和店长以及店员的经营素质却参差不齐，拉低7-Eleven的整体表现力，接下来就会腐蚀消费者对7-Eleven的信任。

一粒百行并不是要减缓发展速度，更不是在主客观条件都有利于自身的情况下还要勉强克制发展的动力，在重视稳扎稳打强固基本功的同时，铃木敏文同样看重每次积累。

铃木敏文的人生观是：人都有一个积极挑战的自我，还有一个消极退缩的自我，选择靠近哪一端，决定了一个人的生活方式。而铃木敏文在谈到自己时说："我不愿意向自己妥协，明知这会让我明里暗里吃更多亏，但这就是我的生活方式。"在这样的人生观基础上，他延伸出的一个结论是：即使失败也决不放弃，爬起来继续往前走就是。

便利统治世界：
7-Eleven的商业渗透

铃木敏文才从东贩图书公司转到伊藤洋华堂时，还有个小插曲。

和铃木敏文一起来到伊藤洋华堂的，还有他在东贩的直属上司。伊藤洋华堂本来安排俩人一起主攻促销业务，但那位上司在新岗位上干了一个月就坚决走人。促销部是典型的两头不讨好的部门，不但主管采购的商品部会在某种商品销售不旺的时候把责任转嫁过来，直接面向消费者的店铺也可以对促销部横眉冷对，把多种因素叠加在一起导致的销售不振认为是促销部工作不力的结果。那位上司就是在多方挑剔中选择了眼不见耳不闻为净。如果铃木敏文的人生观属于消极退缩型，跟着那位上司一起走人，后来自然没7-Eleven什么事了。

伊藤洋华堂的人事工作一度也交给铃木敏文，不过那时候零售业的人事工作可算不上什么美差，年轻人对汽车、电子行业的公司青睐有加，而像伊藤洋华堂这样的零售企业，不管在业内实力如何，在年轻人眼中都是"卖杂货的"，何况伊藤洋华堂当时的知名度也就一般。那些从别的大企业挖来的人事负责人，因为招聘等工作极为难做，干的时间都不长，除了调岗之外，多以辞职告终。

为打破僵局，让大家更好地理解综合超市的市场业务，铃木敏文带上新式幻灯机，和部下一起到全国各地做巡回宣传。在展示、提高企业形象方面，铃木敏文还和各地文学社举办有奖作文比赛，以期让潜在的伊藤洋华堂员工尽可能早地接触公司。凡是能想到的办法、能实施的方案，铃木敏文都用上了。

到引入7-Eleven创业的时候，铃木敏文不但面临便利店经营经验几乎为零的考验，而且成立新公司的1亿日元里，伊藤洋华堂只同意出资一半，另外的要铃木敏文自己想办法。面对重重困难，他一粒百行的韧劲、积极挑战的人生观，再度给了他咬牙坚持的动力。

铃木敏文身上的韧性和冲劲也影响到与之亲近的人，比如如今已成为统合了7&i控股集团下所有网售业务的7net公司负责人的铃木康弘。

大学毕业后，铃木康弘入职富士通公司做工程师，几年后他觉得自己并不适合这份工作，打算辞职。他征询父亲铃木敏文的意见，铃木敏文平时不会对家人的选择做过多干预，这次也只给了铃木康弘一句话："石头上面坐三年。"思前想后，铃木康弘决定听从父亲的告诫，调整心理状态，潜心做好所在岗位的工作。不久，铃木康弘被派常驻新加坡，在亚洲各地从事程序开发工作。这些国家和地区的民俗、宗教给他带来很大的震撼，认识了与日本截然不同的社会情况，而他也庆幸当时听从父亲建议——在石头上坐了下来。

几年后，铃木康弘回国，经人介绍认识了软银的社长孙正义。两人聊得十分投机，孙正义直接邀请铃木康弘为软银工作。铃木康弘再次征询了父亲铃木敏文的意见。考虑到儿子在富士通已经工作了近10年，铃木敏文点头说："我看可以考虑。"

铃木康弘进入软银，和前任的交接只用了3天，上手就是软银旗下50个公司的业务。每次遇到问题，或者想开发新业务，孙正义对铃木康弘就是两句话："要绞尽脑汁去想。我只管出资，别的一概不管。"在建立从事网上订购，然后在7-Eleven便利店取货的7&y公司的过程中，铃木康弘吃住在办公室，设立系统、招兵买马都一个人完成。今天，由软银投资的7&y公司已更名为7net，成为囊括了食品、日用品到家电等业务的综合网售商，在7&i控股集团中承担了与网络销售相关的所有核心业务。

便利统治世界：
7-Eleven的商业渗透

伊藤洋华堂的"内科手术"

2014年，在一次采访中，一位记者向铃木敏文发问："如果只用一句话概括，该怎么形容7-Eleven？"铃木敏文不假思索地回答："7-Eleven是一家不断主动做出改变的公司。"

7-Eleven本身就是铃木敏文发现市场需求，见了兔子才撒鹰的结果。现代管理学大师彼得·德鲁克认为，现代市场的竞争，决定胜负的不是硬件，也不是软件，而是观念，以及在所持观念下做出的判断。

早在控股集团成立，铃木敏文从7-Eleven的"专用掌舵人"变身为集团"共用推进器"后，他就开始思索一个看起来再正常不过其实非常有趣的问题：同样身处消费饱和的严酷环境，大家面临的是同一个市场，为什么7-Eleven这样的便利店能实现增长，但超市和百货商场却举步维艰，颓势尽显？要知道，超市和百货商场一度也是零售业的"明星双子座"，而便利店和杂货店只能在夹缝中生存。

为此，铃木敏文专门跑到超市和百货商场的售卖现场，尤其是几家一直以定位高端著称的百货商场。经过多次实地考察，甚至化身真实的消费者进行实际体验后，铃木敏文发现了端倪：无论是高级的大型百货商场，还是定位为中低端卖场的小百货店，售卖的品牌或商品都采用场地分割租赁的方式，在卖场内圈出一定的面积，根据出价高低依次选地盘。在这种经营模式下，百货商场就是地主，每个品牌、每种商品的卖家就是佃户，爱种什么种什么。对一个商场，这样做能让售卖的商品和品牌尽可能多，扩大消费者的选择面，面积越大

Part 3
价值共创时代：改革从否定开始

的商场越占优势。可放眼一定区域，或整个国内市场，所有商品和品牌都在见缝插针，只要有可能就进驻商场，各商场所在地区、地段不同，卖的东西却大同小异，消费者无论去哪儿，看到的都是那几个牌子。在消费者眼中，A百货商场或超市，就是发生了位移的B商场或超市，气氛死板，商品不新颖，剔除距离因素，去哪家差别都不大。

从2012年起，铃木敏文挂帅的伊藤洋华堂开展经营管理体制改革。拿伊藤洋华堂开刀的原因是铃木敏文认为，伊藤洋华堂所在的超市行业是在卖方市场势头旺盛的时候成长起来的，实质上从未施行过7-Eleven的经营理念，它的成功经验是只要把商品从供货商手里接过来，转身放上货架就坐等收钱。由于卖方市场一直持续到20世纪八九十年代，伊藤洋华堂的辉煌可谓旷日持久，不知不觉中就产生了"不用做任何营销活动，也不用在产品上过分较真一样能赚钱"的错觉甚至是幻觉。近年来虽受冲击，但伊藤洋华堂的中层管理或一些一线工作人员，仍然觉得超市规模大，就算在市场上略显颓势也不过是因为整体消费环境的关系，距离衰亡依然遥远，在判断和改变上懒懒散散。

铃木敏文的改革并不轰轰烈烈，跟人们印象中动辄就大刀阔斧的改革也不一样，动作柔缓，静水深流，集中在思维模式的升级换代上。

针对老龄化和少子化的家庭结构，还有情侣和单身人士的生活模式，过去加量不加价的促销已经过时，加之日本人并不像一些国家的消费者具有囤货的习惯，小包装、少分量才是新形势下的明智之选。

以生鱼片为例，过去包括伊藤洋华堂在内的不少超市或商场都是早就切好，放到塑料盒里进行简易包装，大小规格也是后来才逐渐出现的。而现在，伊藤洋华堂的超市不但增加了临时钟点工，专职员工也做了更细致的划分。比如当顾客点名要1人份或2人份的生鱼片拼盘时，有剔骨切片技能的专职员工马上当场制作，顾客感受到服务水平明显提高。对卖场过去大锅饭式的薪酬制度，伊藤洋华堂也做了调整，不再简单根据分管的卖场区域定资，而是融入了员工个人技能水平的高低。改革成效渐渐显现，伊藤洋华堂内部之前流传的"被属于同一集团的便利店分走了客源""超市和便利店的业态不同，不适宜用来比较""经济不景气，所以顾客不愿消费"等消极信息逐渐消失。

与内部业务调整同步，铃木敏文对伊藤洋华堂也采取了外界眼里的裁员措施，事实上，这也是铃木敏文改变思维模式意图中的一着妙棋。

确实有一定数量的伊藤洋华堂员工在这次改革中离职，但更多的员工被派到数量不断增加的7-Eleven便利店，也有数量不少的员工自愿申请，离堂到店。到了7-Eleven后，这些员工无论"出身"如何，之前的工种是销售或管理都有用武之地，或者成为支持店铺经营的门店督导员，还有的干脆成了店长。伊藤洋华堂和7-Eleven便利店虽属同一个集团，但两边一直互不熟悉，这次改革给了双方互相了解的绝佳机会。来到便利店工作不久，有员工在深度参加了一些项目后，对7-Eleven的商品研发能力尤表惊讶，也开始理性反思在伊藤洋华堂时的工作模式。这些员工有一部分后来又回到伊藤洋华堂，积极参与铃木敏文的改革，伊藤洋华堂的销售方式由一直以来的自助式服务转向了注重与顾客发生交流的服务。

为数不少的经营者和管理者会把变化看成是应对多样化消费需求的需要，但铃木敏文却强调："在变化中要看到不变，尤其要把握住现在。"他认为，现代消费需求不是多样化，而是规格化，当聚焦于长久的功能，卖方就能把握住永不落伍的东西。

日本零售市场上商品更新换代之快少有市场可以匹敌，商品寿命越来越短，新的款式、潮流不断涌现又很快消失，从一定的时间跨度上看，花样很多，但从一个时间点上看，为什么大家涌向同一种商品?为什么那种款式的松腰袜在那几天特别流行?对这些现象进行分析就能发现,消费需求的多样化只在表现形式上,以功能、质量、安全以及能否带来愉悦感为核心的要求一直没变,这几大因素决定了商品能否畅销,卖方做出改变就是要向这些因素靠拢,说市场的消费需求变了,而且越来越多样,这没错,但把市场看成是一个核心需求十分固定的对象,更有利于卖方确定自己变革的手法和方向。

7-Eleven在1985年曾专门成立业务改革委员会,目的是把公司内部存在的各种问题以及改革课题集中,进行通盘解决。这个改革委员会成立的时候,7-Eleven内部也觉得没必要,因为便利店事业蒸蒸日上。促使铃木敏文突发奇想的还是伊藤洋华堂,那几年超市利润明显缩水,铃木敏文由此及彼,看到的不只是7-Eleven高速发展的现实,而是认为经过前期发展,7-Eleven内部问题已经堆积如山,不改革就是等死。后来的消费税等问题的出现证实了铃木敏文的判断,不少便利店在市场变化带来的动荡中业绩岌岌可危,而7-Eleven则因改革委员会在新品研发和单品管理方面做足了功夫,在市场变动时比较顺利地度过了消费低迷期,在20世纪90年代后期迎来了便利店的一次全面繁荣。

电商与实体店怎样融合

2015年9月23日,7&i控股集团宣布旗下电商要重新整合,名为"全渠道7"的网站将于年内上线,目标是把2014年1600亿日元的网络渠道销售额,提升到2018年的1兆日元。同年,日本7-Eleven再次迎来了数百名新帮手的加入。这些帮手在各门店与顾客家门口之间来回奔波，成为门店和顾客的钱货转运使和情感信使。

这批"使者"就是从2012年启用的丰田牌超小型电动车，服务于7-Eleven推出的"seven轻松送货服务"，只要区域内有7-Eleven门店，店内所有的食品和日常用品都能按照客户要求送到家里或公司所在地，而且运费全免。选在2012年开始"轻松送"业务是因为日本在这一年进入了铃木敏文所说的"超级老龄化状态"。

在2000年左右成为7-Eleven忠实顾客的消费者年龄如今大多已达40岁，在现有人口结构下，7-Eleven的实体门店依然是年轻人生活的重要阵地，而对那些已不再年轻的顾客，由于心理和生活重心的双重变化，再考虑到日益快捷可靠的网上购物的流行，到便利店购物逐渐退出他们的日常生活方式。顾客在往后退，7-Eleven则适时跟进，让7-Eleven在"身边的好邻居"和"自家的另一台冰箱"身份外，配备了"私人生活助理"的功能。

7-Eleven的"轻松送"跟常规网购模式最大的不同在于，送货服务由门店员工完成。常规网购通常是客户下单后，卖家选择合作的快递公司，把商品交给与生产和销售毫无关系的快递从业人员，顾客和卖方之间的互动只停留在纯粹的交钱拿货层面，顾客对卖方的真实情况一无所知。

"轻松送"则由离顾客最近的门店打包货物，由指定送货区域的店员亲自送上门。每个店员都跟一定区域内的老顾客混个脸熟，顾客在看到店员的时候心里不会有隔膜或陌生感，熟悉的面孔还消除了顾客对外送商品的疑虑。这种熟悉的安全感带来的心理满足超越了便利层面，在买卖中增加情感因素。

"轻松送"的派生功能带来的良性循环价值不可估量。店员在送货上门时，多加留意就能对相应区域人群的消费能力和偏好做出大致判断，之后的"假设—验证"环节、订货的参考源有了更全面准确的数据。在交货的时候,还会出现顾客追加购物的情况,一次购物的结束成了再次购物的起点,连续的二次购物保证了交易的连续性。如果顾客所购商品出现或即将出现新的品类,店员还可以乘机向顾客推介新品,比起突然把一件新品放到顾客面前,这种推销方式可谓顺其而然。赶上店里正要做促销等活动,店员还能充任活动的宣传单。

其实早在2000年,铃木敏文就在过去上门推销的方式中得到了新的灵感,7-Eleven实施了以"Seven Meal"为名的送餐服务,价值500日元及以上的熟食订单即可免费送货。这种采取会员制的外送服务当时主要是为了照顾日本市场所定义的"购物弱势群体",包括行动不便的老人、新生儿的妈妈、其他行动不便人士,也包括因为其他原因不方便出门购物的人群。按照铃木敏文的构想,"Seven Meal"不单纯停留在送货上门上,其实质是向顾客提供安全、安心且营养均衡的菜式以及餐桌上必不可少的配菜等食品。

跟往常一样,铃木敏文把提议放到了管理层进行讨论,又遭到众人反对,因为当时的市场上提供外送服务依然只在试水阶段,提供外送服务的商家只把这当成一个噱头,并不打算坚持。另外,那时老龄化程度还不像现在如此明显,20世纪30年代后期小婴儿潮期间出生的人群依然能跑能动,大家都认为铃木敏文高估了日本老龄化的影响。铃木敏文的看法是,老龄化进程无法阻挡,独居或不便出门购物的老年人只会越来越多,送餐前景潜力巨大,提前布局抢占高地,等"银发潮"集中爆发,7-Eleven可能好整以暇。

促使铃木敏文坚持己见的另一条根据还是人口结构,晚婚和不婚,以及结婚却丁克的家庭相对数量在增加,总人口数在减少。这些家庭容易选择外出就餐,不过总有自己在家准备一日三餐的情况,对食材和菜肴的种类和数量难免头疼,能买到分量适中的食材,较好控制饭菜的食用和存储时间对这样的家庭极有诱惑力。换作以前,能满

便利统治世界：
7-Eleven的商业渗透

足这种需求的小型个体商店遍布街巷，但这种商店的数量在1982年达到顶峰后，就一直在下滑，如今总数比当时少了六七十万家。这里面有超市特别是便利店的竞争效应，更因为小型个体商店在进货到销售等各个环节都很难实现显著的成本削减，网购的野蛮生长也加剧了这类商店的衰落。无论从商家牟利的角度，还是从"社区服务中心"的使命感出发，7-Eleven都有必要接过这类商店手里的大旗，为消费者解决吃饭问题提供方便。

在功能可靠的智能手机更广泛地在日本普及之前，由于电脑终端购物的方式并不是特别符合日本消费者的胃口，7-Eleven虽然有7net子公司负责与网售关联的业务，多数外送服务仍是通过电话实现的。从2010年开始，铃木敏文"去电话"的意图更加明显，提出网络和实体门店的融合步子要再快一点儿，再大一点儿。线上线下的结合早就不是新鲜事，网商和物流一合作就把这个架子搭起来了，但它们寻求的是外部联结，7-Eleven则有得天独厚的优势。

日本国内的7-Eleven门店已经达到了2万家（2016年数据）的量级，每个门店都可以是物流的中转据点，配货或送货都很方便，好比通信基站早就建好，拨动开关就能实现强烈的信号辐射。正因为手里有这样一张王牌，铃木敏文在看到网络零售对实体门店的巨大冲击时依然轻松，认为网络零售并非实体店的竞争对手，双方尽可以携起手来。此外，实体门店具有网络零售难以实现的情感交流优势，"网购—第三方物流送货"的模式特点是快，却在情感上严重丢分，如能综合常规网购的快和实体购物的情感互动，令消费者更快、更放心地做出决断，对各方都是好的选择。

消费者选择在7-Eleven系统内网购后，选货、付费等细节都跟一般的网购无异，但在接收货物的方式上能明显感受到不一样。当然，消费者未必次次都想由卖方送货上门，就算是老年人，也有更愿意到门店拿货的。上门自提的地点就是7-Eleven门店,这期间顾客也极可能发生再次购买行为。有的7-Eleven门店就遇到过顾客到门店自提,临时又买了不少东西的情况,但因为顾客跟门店的店长以及不少店员都比较熟,几乎没犹豫就将自提改成由门店把东西送到自己家里。如果平时情感交流不到位,就算送货上门是卖方的承诺,买方也会思前想后,很难如此轻松地表达诉求。

如今,7&i控股集团旗下的7-Eleven便利店、伊藤洋华堂超市、崇光·西武百货卖场的各家门店都为方便喜欢用智能手机网购的日本消费者提供了名为"Seven Spot"的免费Wi-Fi服务,消费者只要经过简单的注册程序就可成为"Seven Spot"的会员。

对消费者而言,由于7&i控股集团各业态的门店数量多、分布广,成为会员就几乎等于永久免费地拥有了网络接入权,这样的诱惑很难抗拒。而7&i等于换了一种方式打广告。"Seven Spot"首先当然是把7&i旗下各业态的商品以及活动呈现出来,各业态的"Seven Spot"并没有明显的壁垒,7-Eleven可以赠送消费者崇光·西武百货的电子活动入场券,消费者在伊藤洋华堂的超市也能领取7-Eleven门店的优惠券。消费者完全可以按当时的心情决定直接现场购买还是网上下单,也可以对比现场的价格后,再到网上购买。这样的体验其实也能给消费者带来新鲜奇特的体验。完成购物,消费者甚至能在等待一定时间的前提下自取,也可以在选择了送货上门后临时改变主意,再度回来取货。

"掌控网络=掌控现实"的理念已融在了铃木敏文"网络与实体店相融合"的具体操作中,而同步改善实体门店的产品品质和服务质量依然被他视为零售业持续发展的根本所在。与网络协同是便利店接下来的工作重心之一,这也是铃木敏文所说的"下一代的便利店"最明显的时代特征。